Damien Fleurot
Mathieu Souquière

2022
la flambée populiste

PLON
www.plon.fr

Ouvrage édité en partenariat
avec la Fondation Jean-Jaurès

92, avenue de France
75013 Paris
Tél. : 01 44 16 09 00
Fax : 01 44 16 09 01
www.plon.fr
www.lisez.com

Dépôt légal : septembre 2021
ISBN : 978-2-259-30676-8
Mise en pages : Nord Compo

À G. et V.,
qui voteront pour la première fois
en 2022 et en 2027...

À Ernest et Olympe.

Introduction

L'autre pandémie ou le virus du populisme

« Vous n'avez pas le monopole du populisme... »

Au moment où il la prononce, l'orateur sent bien, comme toutes les personnes qui assistent à ce débat d'entre-deux-tours, que la formule fait mouche et lui donne l'avantage sur son adversaire. Confirmation quelques jours après, c'est son visage qui s'affiche sur tous les écrans et officialise son accession à l'Élysée.

Fiction ? Et si cette variation contemporaine permettait, cinquante ans après le thème original, de rallier les derniers indécis et de « plier le match » présidentiel en 2022 ? Vu le climat dans lequel baigne la société française et le nombre chaque jour plus important de représentants politiques succombant à la tentation populiste, l'hypothèse ne semble pas si loufoque...

Voilà en effet un terme – « populisme » – dont le succès fulgurant le conduit aujourd'hui à saturer le débat public, sans toujours l'éclairer. Omniprésence du mot, donc, mais souvent encore à forte charge critique. Tout serait populisme ou en tout cas mériterait d'être ainsi caractérisé pour être mécaniquement déprécié. Car ce concept emprunté à la science politique relève désormais autant de la condamnation morale que de la catégorie d'analyse. Dans la lignée de certains penseurs d'extrême droite ou de la gauche radicale[1], Marine Le Pen et Jean-Luc Mélenchon ont pu être tentés d'en faire une captation positive avant de renoncer à s'en revendiquer. Emmanuel Macron lui-même s'y est ponctuellement risqué. Difficile toutefois d'endosser une étiquette – « populiste ! » – devenue l'insulte la plus tendance du moment. Il y a ainsi un hiatus entre la répétition des assauts populistes et l'incapacité à les assumer. Entre ceux qui, comme Monsieur Jourdain, pratiquent le populisme sans le savoir et ceux qui y viennent cyniquement en prétendant le contraire, les boussoles semblent de plus en plus déréglées.

Avertissement préalable : si la référence au populisme est si fréquemment convoquée, c'est au prix d'une certaine confusion. Petit détour tautologique donc : cette idéologie a beau être critiquable – et même dangereuse, nous y reviendrons –, tout ce qui est critiquable et dangereux n'est pas de son ressort. S'agissant d'un mot devenu fourre-tout, un tri s'impose en revenant à la définition première et consensuellement admise du populisme[2]. Ce dernier, c'est sa marque originelle, renvoie à une vision clivée de la société, fondée sur l'antagonisme de deux groupes : d'un côté les élites, incompétentes et corrompues ; face à elles, le peuple, pur et trahi par ces dernières. Deux mondes, présentés comme homogènes

1. On pense notamment à Alain de Benoist, dans la première catégorie, ou Chantal Mouffe dans la seconde.

2. Cas Mudde, Cristóbal Rovira Kaltwasser, *Brève Introduction au populisme*, Éditions de l'Aube-Fondation Jean-Jaurès, 2018.

et irréconciliables, qui renvoient la lutte des classes aux oubliettes de la société industrielle : place à la confrontation d'un « peuple victime », appelé à se soulever, et de coupables élites – politiques, économiques, intellectuelles et médiatiques, incarnations multiformes et complices d'un « système » dévoyé. Telle serait la nouvelle ligne de fracture mise en récit et en projet, selon une analyse qui connaît un succès croissant dans l'opinion.

Pour autant, le populisme a une longue histoire, qui puise ses racines au XIXe siècle, et embrasse une zone géographique très large, dont aucun continent – à part l'Afrique peut-être – n'a été exclu. Alors que l'élection de Donald Trump en 2016 avait été perçue par ses détracteurs comme un accident de l'Histoire, le score exceptionnel de ce dernier quatre ans plus tard confirme l'enracinement contemporain du populisme dans la plus grande démocratie du monde. La Vieille Europe n'est pas en reste puisqu'un tiers des députés élus au parlement de Strasbourg en mai 2019 appartiennent aux partis qualifiés de populistes, qui représentent aujourd'hui des forces politiques enracinées dans la plupart des pays de l'Union européenne ou voisins : ainsi de la Suisse et de la Norvège, sans oublier le gouvernement de « brexiters » mené par Boris Johnson. Les différents berceaux de la démocratie libérale sont donc tous contaminés. Ironiquement, cette idéologie qui réhabilite la notion de frontières les franchit toutes sans le moindre obstacle, telle une pandémie galopante. Même si le phénomène n'a rien de franco-français, l'Hexagone, cluster de plus en plus bouillonnant, serait-il la prochaine zone de prolifération ?

Les indices en ce sens ne manquent pas. Lors de la dernière élection présidentielle, déjà, les scores additionnés des candidats populistes avaient atteint un niveau record, rassemblant plus de 48 % des suffrages au premier tour. À défaut d'une convergence des luttes et d'une majorité de projet, le printemps 2022 pourrait-il voir les colères s'agréger et se constituer cette fois une « majorité de rejet » ? La détestation des gouvernants, ressort premier du populisme, n'a en tout cas pas faibli au cours du quinquennat qui s'achève, bien au contraire. « Vous êtes haï, haï, haï » : telle fut même l'adresse inhabituelle d'un membre de la représentation nationale au président de la République, semblant résumer d'un même cri son ressenti personnel et celui d'une opinion plus large face à un pouvoir jugé déconnecté et arrogant. Avec la « révolte » des Gilets jaunes, l'empreinte populiste est même passée du champ politique au champ social : à la source de ce mouvement émergeant hors de tout cadre institué, une colère populaire et un mot d'ordre dégagiste assumé, appelant à « marcher sur l'Élysée » en même temps qu'à la dissolution de l'Assemblée nationale avant que ne s'impose l'idée d'un « RIC », référendum d'initiative citoyenne subitement devenu la formule magique pour rendre au peuple le pouvoir dont il aurait été dépossédé.

Si cette fièvre est provisoirement retombée, la présente crise sanitaire ajoute – jusque devant les vrais tribunaux – son écot au procès des élites, dont l'imprévoyance aggraverait l'incompétence. Les forces antisystème ont même pris quelques nouveaux visages, des antimasques aux antivax, et adulé une figure en rupture de ban, professeur d'infectiologie à Marseille. Quant aux conséquences économiques et sociales de la pandémie, encore difficiles à cerner, elles sont chargées pour les mois qui viennent d'une capacité d'embrasement inédite. Comme le confirme l'enquête annuelle du CEVIPOF consacrée aux « fractures françaises », malgré une très légère et très récente amélioration, le terrain n'a jamais été aussi favorablement miné : le déclinisme s'enracine, le complotisme se répand, la défiance institutionnelle et interpersonnelle se renforce, l'attachement à la démocratie s'effrite, la demande d'autorité et de recours à un « chef » s'envole, la peine de mort connaît un regain de popularité sans égal, et le sentiment grandissant de « ne plus être chez soi » nourrit le rejet des migrants d'aujourd'hui et des descendants de ceux d'hier... La peur de l'avenir et la peur de l'autre se font ainsi dangereusement écho. Des tribunes de militaires et l'audience donnée par les réseaux sociaux et les médias traditionnels à de telles initiatives alimentent l'idée d'une violence de tous contre tous, d'un « délitement[1] » généralisé qui nous fait inexorablement glisser vers la « guerre civile » et le « chaos », dans une bataille des mots déjà largement remportée par les populistes. Imposant leur champ lexical et leurs thèmes de prédilection, ces derniers ont bel et bien pris la main de dangereuse façon sur l'agenda politique. En somme, tous les indicateurs d'une société en proie à la haine de soi virent au rouge, et ce rouge est écarlate.

À cette aune, la France ressemblerait moins à un archipel[2], composé d'îlots distants les uns des autres et

1. Point de vue partagé par 73 % des Français dans un sondage Louis Harris Interactive d'avril 2021.

2. Lumineusement dépeint par Jérôme Fourquet.

paisiblement alignés, qu'à un champ de lignes à haute tension. Beaucoup d'analystes ont insisté sur la fracturation de la société américaine à l'issue du mandat de Donald Trump, mettant face à face deux Amérique qui se détestent et s'invectivent. « France d'en haut » contre « France d'en bas », « France périphérique » contre « France des métropoles », « bloc populaire » contre « bloc élitaire »[1], « eux » contre « nous », peu importe le champ dialectique retenu : un même clivage semble départager ici aussi deux mondes qui cohabitent mais ne s'ignorent pas, ne s'opposent pas une mutuelle indifférence mais bien au contraire une animosité de plus en plus assumée. La porosité qui existe entre ces deux France nourrit une conflictualité, dont le couple « haine/mépris » alimente la dynamique mortifère. Si les « élites » ont à se surveiller elles-mêmes afin de se départir d'un possible dédain de classe, la démarche doit se préserver de toute complaisance à l'égard des thèses populistes, comme y succombent – par culpabilité peut-être – certains intellectuels et – par électoralisme sûrement – de plus en plus d'acteurs politiques. Le mépris ressenti alimente la haine mais la connivence consentie ne saurait l'atténuer. Elle ne fera même que l'entretenir.

Cet appel à l'autocritique vigilante concerne d'ailleurs les deux auteurs de cet ouvrage, qui ne sauraient renvoyer dos à dos la « classe » politique et le « bon » peuple – deux expressions populistes –, rendant chacun comptable de ses errements. Acteurs embarqués – l'un comme

1. Jérôme Sainte-Marie, *Bloc contre bloc. La dynamique du macronisme*, Cerf, 2019.

journaliste sur des chaînes d'information en continu, l'autre comme conseiller politique –, nous appartenons à ce « système » qui, par ses multiples insuffisances autant que ses dérives, fait le lit des discours populistes. La « fabrique du populisme » est bien l'affaire de tous, comme le sera sa déconstruction. Ce livre n'est donc ni un pamphlet ni une dénonciation moralisatrice. Simplement une analyse des forces sociales, médiatiques et politiques dans leurs dynamiques propres et leur potentiel alignement à l'heure où, avec l'élection majeure en ligne de mire, se dessinent les contours d'une flambée populiste qui rend chaque jour plus difficile de distinguer les pompiers des pyromanes.

Le brouillage est profond et ne vient pas de nulle part. La complexité du monde s'est imposée à tous en même temps que refluaient les grands schémas explicatifs. Finies les certitudes charriées par les croyances religieuses et les mythes révolutionnaires, place au doute. La faille ouverte a ainsi créé un sentiment de vertige collectif : un monde difficile à expliquer est en effet un monde qu'il est facile de redouter. Pour sortir du flou s'est progressivement imposée cette lecture simpliste de la société, fantasmant le « bon peuple » et de « méchantes élites », débouchant sur la dénonciation du système autant que sur la détestation de ceux qui l'incarnent. Dans le viseur l'incapacité des élites politiques, la rapacité des élites économiques, la complicité des élites médiatiques. Colère et ressentiment s'entremêlent. Tristes topiques...

Problème, la faille s'est transformée en trou noir, si dense qu'il absorbe progressivement tous les discours et embrume tous les esprits. La société française se regarde dans un miroir déformant, adhérant à une vision que les forces intellectuelles et médiatiques contribuent à enraciner et que les forces politiques contribuent à légitimer. La tentation populiste, parfois ignorante d'elle-même, est bien là, presque omniprésente. Les organisations et les représentants politiques sont nombreux à y succomber, instrumentalisant l'identité, jouant avec le feu de la laïcité, réhabilitant les frontières, confondant solidarité et assistanat, sombrant dans le complotisme stade suprême du populisme. Tout cela en espérant flatter le « peuple » et recueillir ses suffrages.

Le populisme s'est ainsi récemment trouvé de nouveaux porte-parole et de nouveaux terrains de jeux. Du complotisme sanitaire à la suppression de l'ENA, de la justice d'exception réhabilitée par voie référendaire aux incidents criminels préélectoraux « écrits à l'avance », le concours Lépine du populisme témoigne d'une créativité quotidiennement renouvelée. Chacun semble désormais tenté de jouer sa propre partition, soufflant sur des braises déjà ardentes. De quoi distinguer, chez les populistes aussi, entre les puristes et les copistes, les pionniers et les ralliés, et noter la prolifération de ces derniers dans les rangs mêmes de ceux qui prétendaient se poser en rempart. Comme si les ennemis autoproclamés du populisme n'envisageaient la victoire qu'en empruntant des armes à leurs adversaires. Avec toujours la même question, mais cette fois plus ouverte que jamais : à la fin, les électeurs préféreront-ils l'original ou la copie ?

Ainsi serait-il illusoire de réduire la question du populisme à celle du Rassemblement national, ou celle du scrutin de 2022 à la victoire, ou non, de Marine Le Pen. Le populisme est un virus, dont l'extrême droite ne fournit qu'un variant, fût-il de loin le plus dangereux. Ce virus a largement muté et connaît aujourd'hui des formes plus ou moins sévères mais démultipliées. À l'heure où nous achevons d'écrire ces lignes, les trois candidats que les sondages placent systématiquement en tête semblent tous, bien qu'à des degrés et des niveaux de dangerosité très divers, atteints du syndrome. Et ils sont loin d'être les seuls. Les gestes barrières étant de moins en moins respectés, l'immunité collective devient une perspective de plus en plus incertaine. Quelqu'un trouvera-t-il le vaccin ? Malgré l'urgence démocratique, rien n'est moins sûr...

Le populisme pour les nuls : arnaque intemporelle, danger universel

Avant d'opérer une radioscopie de la société française pour voir à quel degré la « lèèèèèèpre » – à prononcer comme Philippe de Villiers – populiste s'y est répandue, un petit détour s'impose sous forme de « digest » pour décrire les ressorts de ce courant de pensée : ceux qui furent propres à chaque expérience populiste et ceux qui au contraire leur furent communs. Disons-le d'emblée, il s'agit d'une idéologie qui, quelle que soit l'affiliation qu'elle revendique, ne mérite qu'une indulgence limitée, s'agissant du fonctionnement de la démocratie. Car, de cette dernière, les populistes sont toujours les ennemis, même si la pratique du judo leur permet désormais d'inscrire leurs visées dans un cadre respectueux des institutions. Celles-là mêmes qu'ils ont, dans l'Histoire, toujours cherchées à abattre et dont nous n'avons aucune garantie de l'usage qu'ils en feraient une fois au pouvoir. Si les dérives autoritaires et liberticides ne sont pas systématiques lorsqu'ils y accèdent, elles ne sont pas rares non plus. La vigilance est donc de mise. Facialement au moins, démocrates et populistes peuvent se retrouver autour de la fameuse formule d'Abraham Lincoln, présentant en 1863 la démocratie comme « le gouvernement du peuple, par le peuple, pour le peuple », même si, dans la vraie vie, la démocratie représentative s'en remet à un petit nombre pour fonctionner au quotidien.

Accordons d'emblée au populisme une vertu, une seule, mais non des moindres : il questionne, en démocratie, la place du peuple, sa participation à la chose publique, la défense de ses intérêts et de sa juste représentation. C'est d'ailleurs toute la spécificité, la grandeur et le défi de la démocratie – le « meilleur » des régimes à l'exclusion de tous les autres, pourrait-on enfin admettre avec quelques millénaires de recul – que de viser l'association du plus grand nombre à la définition des orientations collectives, selon un principe simple : chaque voix compte d'identique façon. À quoi reconnaît-on une démocratie ? Au fait que le pouvoir élu travaille à garantir tout à la fois la liberté d'expression de ceux qui s'opposent à lui – y compris en manifestant – et leur capacité à prendre sa place. Ces orientations collectives sont par ailleurs sans cesse remises en débat, dans un monde de plus en plus complexe et avec des opinions publiques de plus en plus exigeantes. Le défi confine à la gageure, peut-être même à la quadrature du cercle. Ce faisant, les populistes pourraient être considérés comme d'utiles lanceurs d'alerte, plaidant la cause du peuple lorsque celui-ci semblerait oublié, Ernesto Laclau, théoricien et défenseur du populisme, allant jusqu'à y voir une « démocratisation de la démocratie ». Comme dirait l'autre, les populistes posent donc les bonnes questions mais en y apportant de funestes réponses, dont la mise en application ne produit jamais une extension du champ de la démocratie mais bien au contraire une dénaturation de son projet.

Et pour cause, le populiste applique au monde une grille de lecture assez sommaire : il vénère le peuple comme une entité abstraite et ne sait le faire qu'en vomissant les élites. Le premier incarne la vérité et la pureté ; un peu comme la terre, « il ne ment pas ». Les élites, en revanche, dont la duplicité est comme une seconde nature, conjuguent incompétence et immoralité ; elles s'accaparent le pouvoir et n'envisagent ensuite son exercice que pour préserver leurs intérêts propres, au détriment toujours de ceux du peuple. Ce dernier est donc forcément trahi et la démocratie forcément dévoyée.

Le populisme n'est pas tout à fait parvenu à effacer le clivage gauche-droite : il en existe donc deux variantes, situées de part et d'autre de l'échiquier politique. Pour ce qui est de la période récente et de la France, le revival s'est opéré d'abord à l'extrême droite, qui réunit de façon constante entre 1 électeur sur 5 et 1 électeur sur 4 depuis vingt ans. S'y est ajoutée plus récemment une version issue de la gauche dite « radicale », qui est parvenue à se hisser quasiment au même niveau à l'occasion de la dernière présidentielle. Le premier privilégie les questions identitaires et sécuritaires, là où le second se focalise sur la question sociale. Ce faisant, le populisme de droite, aussi appelé « national populisme », procède d'un rejet « au carré » : au conflit qui oppose ceux d'en haut et ceux d'en bas s'ajoute la confrontation de ceux d'ici et de ceux d'ailleurs. Quand on aime, on ne compte pas ; c'est encore plus vrai quand on déteste. En tout état de cause, de la dénonciation ancienne de l'« établissement » au plus récent dégagisme, l'un et l'autre communient dans une même détestation des élites : élites politiques surtout pour le national-populisme, élites économiques d'abord pour le populisme protestataire de gauche, élites médiatiques à la solde du système pour les deux.

Pour autant, ceci ne constitue ni une nouveauté, ni un cocktail franco-français. Il y a une histoire et même une préhistoire du populisme, dont nous allons procéder au rapide survol pour constater que l'exotisme n'est pas toujours de mise, tant les époques semblent en la matière se faire écho.

Le « guide du routard » du populisme, ou le populisme d'hier et d'ailleurs

La première poussée remonte à la fin du XIXe siècle et touche quasi simultanément la Russie, les États-Unis et la France, soit trois pays aux structures économiques et sociales, et aux régimes politiques, différents. Déjà, la mondialisation fait peur et focalise les critiques avec l'émergence de nouvelles puissances commerciales ; déjà, les structures économiques et sociales sont bousculées par une industrialisation qui s'accélère ; déjà, le progrès technique inquiète, en particulier dans les campagnes ; déjà, les flux migratoires s'intensifient et donnent lieu à des rixes entre autochtones et nouveaux entrants.

En France, cette première étincelle populiste s'allume en 1887, autour d'une figure d'ordre, celle d'un général limogé – qui ne s'appelle pas Pierre de Villiers mais bien Georges Boulanger. Le « boulangisme » parvient à dépasser le clivage gauche-droite et à agréger autour de lui des monarchistes et des socialistes, fédérés contre un régime jugé inefficace et corrompu, aux mains d'une oligarchie déconnectée du peuple. Le mouvement a pour mot d'ordre le renversement des institutions et la moralisation de la vie publique, au nom d'une démocratie réelle à régénérer. « Nous sommes en présence de l'irruption torrentielle de tous les mécontentements, de toutes les déceptions, de toutes les colères », résume alors Benoît Malon, directeur de *La Revue socialiste*, nous éclairant sur les analogies fortes avec le populisme contemporain. L'antisémitisme, incandescent à l'heure de l'affaire Dreyfus, et la xénophobie viennent cimenter l'aventure. Henri Rochefort, directeur du journal *L'Intransigeant* et incarnation de l'aile d'extrême gauche du mouvement, réclame l'expulsion de 500 000 Italiens, quand une affiche électorale s'adresse aux « ouvriers sans travail, chassés des ateliers à l'avantage des étrangers qui retirent le pain quotidien de la bouche de vos femmes et de vos enfants[1] ». L'heure est déjà à la rugosité avec les populations immigrées, qu'elles viennent d'Italie ou de Pologne, dont le catholicisme ou la proximité culturelle – que personne ne juge alors incompatibles avec la République – ne suffisent pas à faire

1. Cité par Michel Winock, « Populismes français », *Vingtième Siècle. Revue d'histoire*, n° 56, octobre-décembre 1997.

accepter en douceur l'arrivée. Le populisme est donc, dans notre pays, une tradition déjà ancienne dont les ressorts et les mots n'ont que peu changé.

La deuxième vague populiste prend forme dans l'entre-deux-guerres, avec deux variantes très dissemblables : un populisme latino-américain plus proche de la gauche et un populisme européen qui allait conduire le vieux continent au bain de sang. Si les populistes se présentent comme des remparts face au risque de chaos et les garants d'une réconciliation nationale, force est de constater qu'en la matière la parenthèse fasciste n'aura pas exactement tenu ses promesses. Alors que l'expérience latino-américaine s'est prolongée par-delà la Seconde Guerre mondiale, l'Europe a quant à elle semblé raisonnablement vaccinée du virus populiste pour de longues décennies, la guerre froide en marquant un large reflux, avant la rechute des années 80.

Exception française toutefois au milieu des années 50 avec le mouvement poujadiste. Au départ, l'inquiétude et la colère de petits indépendants, patrons et artisans, issus des territoires les moins embarqués dans la modernisation des trente glorieuses – *Paris et le désert français* est déjà un thème à la mode[1] –, confrontés à l'accélération de l'urbanisation et de l'industrialisation, exaspérés par ce qu'ils vivent comme un matraquage fiscal et bureaucratique venu de Paris, inquiets face à la modernité qu'incarnent le marketing et la grande surface. Un gigantisme et une américanisation rejetés en bloc – à

1. C'est surtout le titre de l'ouvrage de référence du géographe Jean-François Gravier, paru aux éditions Le Portulan en 1947.

l'heure des GAFAM, on en trouve de semblables relents – quelques années seulement après le débarquement et le plan Marshall. Un populisme protestataire qui vise les parlementaires autant que les élites de la capitale prétendument coupées du peuple et des terroirs. S'il fut éphémère, comme le précédent boulangiste, le mouvement mené par Pierre Poujade ouvre le sillon d'un populisme hexagonal dont on retrouvera une tonalité très proche avec l'émergence du Front national[1] puis bien plus tard avec le mouvement des Gilets jaunes. Un mouvement encore fait de petits indépendants, dont la colère se focalise sur un « ras-le-bol fiscal », ne revendiquant ni des hausses de salaires ni un surcroît de droits et de solidarité, comme en mai 68, mais moins de taxes.

Les trente dernières années ont vu réémerger en Europe une double vague : celle d'un populisme nationaliste en Europe de l'Est, liée au démantèlement de l'ancienne Union soviétique, et, en Europe de l'Ouest, celle liée à la critique de la mondialisation et de la construction européenne ; un populisme de gauche, en réaction à la crise de 2008, en Grèce et en Espagne notamment, faisant écho au mouvement *Occupy* nord-américain. Ce dernier populisme d'« indignation » connaît déjà un reflux là où le populisme identitaire continue au contraire d'étendre son influence. Résultat, alors que le premier a vu sa greffe se limiter à la France, l'Allemagne, les Pays-Bas, le Danemark, la Suède ou,

1. Rappelons que Jean-Marie Le Pen avait fait son entrée à l'Assemblée nationale dès 1956 sous l'étiquette de l'Union de défense des commerçants et artisans (UDCA) de Pierre Poujade.

plus au sud, l'Espagne, le Portugal et la Grèce, le national populisme est désormais une force politique de première importance dans près des trois quarts des États de l'Union européenne. La Fondation pour l'innovation politique a analysé un phénomène de droitisation en Europe, qui modifie tous les rapports de force, y compris au sein de la galaxie populiste : le vent populiste souffle donc très fort, mais bien plus à droite qu'à gauche désormais.

Le populisme ici et maintenant : « expliquer, c'est déjà excuser » ?

Face à l'extrême diversité de ces expériences populistes, certains observateurs ont été tentés de remettre en cause une étiquette accolée à des leaders aussi différents aujourd'hui que Viktor Orbán, Donald Trump, Hugo Chávez, Marine Le Pen ou Beppe Grillo. Le populisme a parfois été qualifié de concept « liquide » ou de « caméléon », pour souligner qu'il relevait d'une matière instable. À l'image du FN devenu RN, par exemple, qui a considérablement muté en quarante ans, passant d'un parti antifiscaliste tourné vers les classes moyennes indépendantes à la défense d'un modèle conjuguant État-providence et préférence nationale destiné à protéger les classes populaires. Ceux qui se montrent le plus intransigeants dans leur approche ont ainsi été capables d'une vraie élasticité dans leurs discours, en témoignent encore les hésitations de Marine Le Pen sur la question de la sortie de l'Europe. Il se trouve d'ailleurs que le populisme ne se rattache à aucun corps de doctrine officiel, susceptible de lui donner son ossature idéologique. Et pour cause, les populistes s'autodésignent rarement et ne se donnent aucune référence commune, étant en réalité ainsi catalogués par les autres.

Pourquoi un énième retour de flamme populiste aujourd'hui ? Les facteurs invoqués pour l'expliquer ne manquent pas. La mondialisation revient toujours en tête, après quatre décennies de dynamique ultra-inégalitaire dont la classe moyenne occidentale a été la grande perdante, exposée à la concurrence des pays à bas salaires et à une mécanique de désindustrialisation qui a sinistré des secteurs d'activité et des bassins d'emplois entiers. À ceci s'ajoute, pour demain, une menace supplémentaire liée à la révolution numérique, faisant craindre la transformation voire la suppression d'un nombre significatif d'emplois, dont les catégories ouvrières et les personnes les moins qualifiées pourraient être les principales victimes, accentuant une bipolarisation du marché du travail déjà très avancée. D'autres invoquent le vieillissement démographique, qui pèse à la fois sur les grandes orientations économiques, l'équilibre des comptes sociaux et le jeu électoral, sans oublier l'intensification et plus encore la diversification des flux migratoires, de nature à crisper les opinions publiques. Une fermeture sociale voire une « sécession[1] » des élites vient enfin compléter le tableau d'une société qui se voit au bord de la rupture.

---

1. Jérôme Fourquet, « 1985-2017 : quand les classes favorisées ont fait sécession », *Note de la Fondation Jean-Jaurès*, février 2018.

Selon les formules retenues par les politologues, insécurité économique et insécurité culturelle ont ainsi additionné leurs effets pour alimenter un populisme qualifié par Dominique Reynié de « patrimonial », focalisant sur la double menace qui pèserait à la fois sur notre niveau de vie et sur notre mode de vie. De quoi ratisser large et se donner une assise électorale embarquant potentiellement toutes les classes sociales. De ce point de vue, la mondialisation, parfois réduite dans les discours à « l'Europe de Bruxelles », offre aujourd'hui le visage du coupable idéal, susceptible de mettre tout le monde d'accord. Elle permet en même temps aux populistes de gauche de dénoncer l'« horreur économique » et aux populistes de droite de dénoncer l'invasion migratoire. Ainsi de Marine Le Pen, lors de la campagne des dernières élections européennes : ce samedi 19 janvier 2019, depuis le village médiéval du Thor, dans le Vaucluse, elle attaque, dès l'introduction de son discours, pour désigner « un système qui asservit les hommes ou les entreprises à la loi du plus fort »... Et le pont avec l'étranger est ensuite fait : « Vous savez que la mondialisation avec l'ouverture des frontières irraisonnées a livré nos rues, nos quartiers, nos villages à une immigration délirante qui transforme certains endroits en zones de non-France, des zones où l'on se sent étranger dans son propre pays, des zones où les lois de la République ne sont plus appliquées, des zones où trouvent à s'imposer d'autres lois que celles de la République, celles des caïds ou des islamistes. » Pas de surprise à ce que le RN se soit situé à l'avant-garde de la lutte contre le « mondialisme » – aujourd'hui transformée en défense du

« localisme » – alors que les trois quarts de ses électeurs se perçoivent comme des victimes de la mondialisation – contre 20 % de ceux d'Emmanuel Macron.

Ces analyses font référence et offrent un éclairage précieux pour comprendre les remous propres à notre époque. Mais, dès lors que l'histoire du populisme semble aussi vieille que celle de la démocratie elle-même[1], la question de la singularité propre à chaque moment populiste deviendrait presque secondaire devant celle, plus pertinente, des permanences et des traits communs, en s'intéressant à une forme d'invariant populiste capable d'incessants retours. Puisqu'il faut bien l'admettre : le populisme survit et même prospère aujourd'hui dans des sociétés parvenues à un niveau d'abondance matérielle et de développement éducatif dont on aurait pu penser qu'ils lui fassent obstacle. Au contraire, le populisme frappe partout : dans des pays riches comme dans des pays pauvres, des sociétés très inégalitaires ou d'autres plus solidaires, des pays à fort niveau d'instruction ou à peine développés, des démocraties très anciennes ou bien fraîchement établies. Aucune corrélation n'est ainsi systématiquement observée entre l'évolution objective d'une situation économique et sociale, et les succès électoraux des populistes. L'analyse par la « crise », intuitivement séduisante, ne se vérifie donc pas en toutes circonstances – sauf à considérer que chaque époque est marquée par sa propre crise et que l'histoire

1. On pourrait même renvoyer aux « démagogues » de la Grèce antique, qui flattaient la foule comme d'autres flattaient les monarques.

humaine n'en est que le linéaire enchaînement –, incitant à donner la priorité aux facteurs culturels sur les facteurs économiques pour expliquer les dynamiques populistes. Comme si celles-ci tenaient davantage à une humeur collective qu'à la réalité objectivée. « Se sentir mal dans une France qui va bien » : un hiatus que résume bien le titre d'un des derniers ouvrages d'Hervé Le Bras.

Les 11 péchés du populisme

La volatilité du concept et la diversité des incarnations importent peu : la science politique est riche de concepts flous et évolutifs, comme peut d'ailleurs l'être celui de démocratie lui-même, multiforme selon les âges et les contrées depuis l'Athènes de Périclès à l'Amérique de Trump. La démocratie se donne mille visages, comme le fait le populisme. Mais derrière l'hétérogénéité des expériences populistes déjà observées, certains traits permanents permettent de caractériser ce dernier, d'en énoncer autant que d'en dénoncer les ressorts intrinsèques.

1. Le populisme est une arnaque : le « peuple n'est qu'un mot »

Le populisme existe, beaucoup l'ont rencontré. Cela ne l'empêche toutefois pas de se fonder sur une mythification qui est aussi une mystification : celle du peuple. Les populistes se présentent en effet comme les défenseurs d'un peuple qui tout simplement... n'existe pas. « La jeunesse n'est qu'un mot », disait Pierre Bourdieu pour rappeler la réalité hétérogène, au plan social et historique, cachée derrière ce terme générique. « Le peuple n'est qu'un mot », serait-on tenté de le paraphraser. Le peuple des populistes est « un », homogène, indivisible. Or ce peuple-là est, pour reprendre une formule utilisée autrement par Pierre Rosanvallon, « introuvable ».

D'abord parce qu'un peuple est une réalité biologique vivante : il change de contours à chaque seconde, avec de nouvelles naissances et presque autant de disparitions. Le « peuple français » n'existe donc qu'à un « instant T », différent de ce qu'il sera une heure, une année, une décennie plus tard. Se référer à lui comme à une sorte de collectif immuable n'a ainsi aucun sens. La « France éternelle », à laquelle renvoie un certain nationalisme, n'a pas davantage de réalité concrète. Elle constitue une projection ou un fantasme, idéologiquement instrumentalisés. Le peuple, qu'il ne faut pas confondre avec les « catégories populaires », ne saurait par ailleurs être considéré comme une classe sociale à part entière : tout au contraire, la sociologie notamment a bien décrit, avec la montée de l'individualisme et le reflux des structures collectives, l'émiettement du social et l'individualisation des expériences. Si le peuple, dans la conception qu'en adoptent les populistes, est donc une absurdité biologique et sociologique, il est aussi une absurdité démocratique : la volonté populaire ne se définit qu'à l'issue d'un vote, démocratiquement organisé ; elle ne se décrète pas *a priori*. Le populiste prétendant s'exprimer au nom du peuple présume de façon bien audacieuse de ce que peut être l'opinion de ce dernier. Mieux, la volonté populaire se révèle rarement univoque si l'on observe les scrutins qui tentent de lui donner une expression : de courtes majorités, la plupart du temps, révélant combien l'opinion ne saurait être homogène, quelles que soient les questions qui lui sont soumises. Invoquer « sa » volonté, comme si elle allait de soi, relève par conséquent de la supercherie. Le peuple est au contraire bien souvent partagé, même lorsque son intérêt pourrait sembler simple à circonscrire. Sinon, comment comprendre par exemple qu'une redistribution massive de la richesse, profitant potentiellement à l'immense majorité et financée par une ponction sur la minorité la plus fortunée, n'ait pas encore été opérée[1] ? Prendre aux riches, très minoritaires, pour donner aux pauvres, beaucoup plus nombreux, devrait dans ces conditions être une formalité. Il n'en est pourtant rien, au prix d'un accroissement des inégalités sociales en faveur des ultrariches. Soit une autre façon de décrire ce peuple « introuvable », dont les décisions ne sont précisément pas celles qu'on pourrait prédire. Si les intérêts divergent souvent au sein d'une communauté humaine, c'est donc encore plus vrai concernant les idées. La démocratie préserve précisément la liberté d'opinion là où le populisme fantasme l'unité de l'opinion.

1. Sous la direction d'Amory Gethin, Clara Martinez-Toledano et Thomas Piketty, *Clivages politiques et inégalités sociales. Une étude de 50 démocraties (1948-2020)*, EHESS, Gallimard/Seuil, 2021.

2. Le populisme est une arnaque (2) : le populiste, un « rentier » du système

Ajoutons une autre dimension à cette arnaque populiste : le credo antisystème qui tient lieu de vulgate est presque toujours incarné par un leader lui-même pleinement issu de ce système. Les contre-exemples sont rarissimes, et le personnage de Christophe Mercier, héros anonyme de la saison 3 de *Baron noir*, relève bien par son profil de la fiction : Donald Trump, Silvio Berlusconi, Boris Johnson, etc., ou chez nous Marine Le Pen, Jean-Luc Mélenchon, Nicolas Dupont-Aignan, Florian Philippot notamment sont tous d'une façon ou d'une autre des « rentiers » du système dont ils se sont fait les contempteurs... Que ce soit par le diplôme, la fortune faite ou héritée, le cursus politique, le leader populiste n'est jamais le *vulgum pecus* qu'il prétend. Autrement dit, celui qui revendique de parler au nom du peuple, de comprendre ses aspirations et de capter ses émotions est rarement issu des catégories populaires. Arnaque « au carré », donc.

3. Le populisme est (vraiment) une arnaque (3) : l'ennemi devenu rempart

Dans une sorte de bonneteau idéologique, le national-populisme est parvenu en France à réaliser un véritable hold-up, convertissant sa haine des immigrés et des musulmans – confondus sans nuance – en combat pour les valeurs républicaines et en faveur de l'émancipation. Ainsi, les héritiers des ennemis historiques de la

République et de ses valeurs – l'égalité, la liberté d'expression, la laïcité... – se sont-ils faits leurs zélés défenseurs à travers ce qu'ils ont instauré en repoussoir ultime : l'islam. Le front républicain semble d'autant plus anachronique que l'extrême droite se pose désormais en pilier central de l'ordre républicain, à rebours de tout ce qu'elle a combattu depuis plus d'un siècle. Ce jeu à front renversé, sur le fond, peut s'illustrer aussi à travers la pente glissante qui a conduit certains à dénoncer la « tyrannie des minorités ». Les oppressés d'hier seraient ainsi devenus les actuels oppresseurs d'une majorité silencieuse à bout de nerfs face aux outrances présumées des « revanchards » : femmes, « racisés »... Au point que, selon leurs contempteurs, les féministes en viendraient à desservir la cause des femmes, les antiracistes deviendraient eux-mêmes les nouveaux racistes et les « petits Blancs » leurs victimes... Une majorité de Français en est même venue à considérer que le « racisme antiblanc » – qui n'est évidemment relevé dans aucune enquête sur les discriminations, que ce soit dans l'accès à l'emploi, au logement, etc. – est désormais assez répandu.

4. Le populisme est un simplisme

Quels que soient l'époque et le lieu, le populisme offre une grille de lecture du monde qui demeure inchangée. Ce qui la rend confortable et rassurante mais pas nécessairement pertinente. Face à la complexité des enjeux démocratiques, économiques, sociaux et culturels, et à leur diversité dans le temps et dans l'espace, la raison suggère en effet une analyse multifactorielle ; au contraire, le schéma populiste convoque, lui, une causalité unique : la faillite tant morale que politique des élites. La critique des gouvernants ou, plus globalement, celle des élites n'est en rien un interdit. Au contraire, la démocratie est précisément le régime qui autorise cette contestation et en organise l'expression, dans une sorte d'autocritique institutionnalisée. *A fortiori*, dans la période actuelle, personne ne peut nier la fermeture des élites ainsi qu'une concentration accrue du pouvoir et de la richesse. Si la dénonciation de cette réalité sociologique est donc justifiée, la mise en cause du système et de ses élites en invoquant leur culpabilité, leur cupidité ou leur défaillance systématiques voire quasi organiques devient évidemment suspecte. Elle relève en réalité d'une autre logique que de celle de l'analyse critique : celle, intemporelle, du bouc émissaire. Le présupposé selon lequel les élites sont les ennemis du peuple fait émerger un premier paradoxe : prise d'une forme de schizophrénie démocratique, celles-là agiraient en bafouant les intérêts de celui-ci mais tout en cherchant à recueillir ses faveurs électorales pour, logiquement, conserver leur pouvoir. Trahir ou séduire, il faut pourtant choisir. Problème encore accentué lorsque les populistes remportent les élections et deviennent à leur tour les nouvelles élites : sont-elles alors elles aussi mécaniquement condamnées à se couper des masses qui les ont faites ? Le serpent populiste se mord la queue.

5. Le populisme est un schisme

La démocratie représentative repose sur un double principe – le respect de la volonté populaire et celui du fait majoritaire – qui lui permet de trancher les différends à l'intérieur de la communauté tout en préservant une forme d'harmonie sociale au sein de cette dernière. Par contraste, le populisme privilégie une lecture de la société articulée autour d'une fracture fondamentale entre deux parties du corps social : majorité silencieuse d'un côté, élites licencieuses de l'autre. Dans ce schéma, l'unité du peuple ne se réalise que dans l'opposition de ce dernier auxdites élites. Ce faisant, les populistes torpillent l'idée même d'harmonie sociale et font de cette conflictualité fondamentale un moteur de l'Histoire. N'en allait-il pas de même avec la lutte des classes ? Non, car demeure une différence majeure : celle-ci s'inscrivait dans une organisation productive et des rapports sociaux objectivés, construits autour de la détention du capital et du partage de la valeur ajoutée. La dialectique populiste relève quant à elle davantage du ressentiment que de l'analyse, de la dénonciation du système – qui ne se limite pas aux détenteurs du capital – et de la détestation de ceux qui l'incarnent plutôt que de la déconstruction de dynamiques sociales sous-jacentes. Quoi qu'on en pense, la lutte des classes devait conduire à la dictature du prolétariat, c'est-à-dire à l'émancipation des masses, ce qui constituait un projet ; la dénonciation des élites n'est rien d'autre qu'un rejet. Cette dernière peut fournir un élan suffisant pour prendre le pouvoir mais constitue une matière faible pour l'exercer, le scalp des gouvernants ne suffisant pas à dessiner un horizon durable. En tout état de cause, alors qu'il sacralise le peuple, le populisme ne demeure rien d'autre qu'un acte de fracturation de ce dernier, sauf à considérer que les journalistes, députés, fonctionnaires, médecins, intellectuels, magistrats, scientifiques, etc., n'appartiennent pas au peuple français.

6. Le populisme est un totalitarisme

Le populisme constitue un cocktail explosif, mêlant pureté du peuple – trahi et manipulé par les élites mais qui ne saurait se tromper lui-même –, uniformité de son opinion – le peuple sait ce qui est bon pour lui et le leader populiste, qui n'en est que le porte-voix autoproclamé, sait donc ce qui est bon pour le peuple –, radicalité de son expression – face au mépris et à la chape des élites, la réponse populaire ne peut être qu'éruptive, fondée sur une canalisation de sa colère et de sa peur mêlées, s'agissant en quelque sorte de légitime défense face aux agressions dont il est victime. Dans ce schéma global, la pureté du peuple ne souffre aucune contestation, l'unité du peuple ne souffre aucun dissensus, le corps social ne peut admettre aucun désaccord. Puisque le peuple ne peut s'exprimer que de façon univoque et n'avoir jamais tort, sa volonté doit s'imposer d'elle-même sans mise en débat préalable. Le populisme ne laisse par conséquent aucune place au pluralisme[1].

---

1. Cette dimension est notamment centrale dans l'analyse que fait du populisme Jan-Werner Muller.

7. Le populisme est un identitarisme

Mondialisation et migrations auraient nourri un sentiment d'insécurité culturelle et opéré un repli identitaire centré sur la question nationale. Le « peuple-ethnos » l'emporte ici sur le « peuple-demos » et le « populisme protestataire » le cède progressivement devant un « populisme identitaire », selon la distinction opérée par Pierre-André Taguieff. On se souvient du débat en France sur l'« identité nationale », couplée à la question migratoire jusque dans un intitulé ministériel, installant implicitement l'idée que les enjeux identitaires s'inscrivent dans un schéma nationaliste. La mondialisation n'a-t-elle pas été qualifiée par Marine Le Pen d'« identicide » ? Tout ceci relève en réalité d'une confusion savamment entretenue et fondée sur deux présupposés hautement contestables : 1. l'identité serait une affaire de nationalité ; 2. l'identité renverrait à une matière objectivable et figée. Les cadres de socialisation et de référence relèvent pourtant aujourd'hui de catégories multiples, dont la nationalité ne constitue qu'une composante, de moins en moins stable : les nationalités, à la faveur des mobilités et des unions mixtes, se mêlent et s'additionnent comme jamais – de doubles en triples nationalités – et se modifient au cours d'une vie. Raisonnons par l'absurde : acquérir une nouvelle nationalité reviendrait-il alors à changer d'identité ? De pièce d'identité, assurément, mais l'une et l'autre n'ont pas à être confondues. Il faut en outre rappeler que la question identitaire n'a rien d'intemporel : elle est une construction récente dont les sciences sociales font remonter l'émergence à un demi-siècle seulement[1]. Nos « ancêtres les Gaulois » et leurs descendants plus récents ne se focalisaient pas sur ce sujet dont nous faisons mine de penser qu'il est crucial au point d'être universel. Elle est de surcroît inscrite dans le temps présent – et donc fondamentalement évolutive – et dans un rapport subjectif au monde. Chacun peut le mesurer pour ce qui est de son « identité » propre : un individu n'est pas le même à 10, à 40 ou à 80 ans. L'identité est donc une construction constamment renouvelée, qui emprunte tout à la fois au passé et au présent. Le débat récurrent autour des racines chrétiennes est de ce point de vue savoureux : il rebondit régulièrement, comme pour nous offrir un repère rassurant, alors que la société s'est déchristianisée à une vitesse très accélérée ; on invoque donc ces racines avec d'autant plus d'insistance qu'on en fait de moins en moins cas dans nos vies intimes. Concernant le peuple, nous venons de le voir, le populisme se fonde sur une identité là encore tout à fait fantasmée. Le problème de l'identitarisme, c'est qu'il génère de l'identitarisme en réponse. Ainsi la modernité met-elle face à face deux fondamentalismes identitaires : un intégrisme religieux et un nationalisme belliqueux. Il y a bien un cercle vicieux de l'identitarisme.

1. Jean-Claude Kaufmann, *Identités, la bombe à retardement*, Textuel, 2014.

8. Le populisme est un complotisme

Le populisme a une dimension conspirationniste évidente dès lors que sa clé d'explication repose sur une manipulation du peuple par les élites. Aussi incompétentes soient-elles, ces dernières sont néanmoins vues comme capables de tirer les ficelles à leur seul profit. Les populistes invoquent ainsi systématiquement la résistance du système et la ruse de ses représentants afin d'expliquer leurs propres difficultés à s'emparer du pouvoir. Pour préserver leurs positions, ceux en place utiliseraient ainsi tous les concours, ceux de la justice et des médias notamment, prétendument indépendants mais aux ordres des puissants pour entraver la marche inéluctable des défenseurs du peuple vers le pouvoir. Puis, lorsqu'ils parviennent à y accéder, ce sont encore des forces cachées qui sont dénoncées pour justifier les difficultés liées à l'exercice des responsabilités. Encore les juges et les journalistes souvent – cette fois devenus indépendants du pouvoir populiste installé –, les milieux économiques ou l'« État profond », peu importe. C'est comme si le peuple était éternellement voué à se voir privé de son pouvoir, même lorsque ceux qui prétendent gouverner en son nom sont aux manettes.

Deuxième étage de la fusée et deuxième agent du complot : hier le juif et le franc-maçon, aujourd'hui le musulman, ce corps étranger à la société dont les élites, tournées vers le multiculturalisme pour d'obscures raisons, se font les complices zélés. Pascal Ory[1] a relevé

1. Pascal Ory, *Peuple souverain. De la révolution populaire à la radicalité populiste*, Gallimard, 2017.

cet apparentement entre la xénophobie populiste et le trouble paranoïaque, renvoyant à un délire de persécution dont le musulman incarne aujourd'hui ce lien entre ennemis de l'extérieur et ennemis de l'intérieur. Plus que d'islamophobie, Raphaël Liogier[1] suggère d'ailleurs de parler d'« islamo-paranoïa », fondée sur la suspicion d'une intention cachée, d'un projet organisé d'invasion et d'anéantissement, pour lequel certains ont employé l'expression de « grand remplacement ». Une sorte de croisade à l'envers dénoncée par Éric Zemmour et Philippe de Villiers notamment en pulvérisant le box-office de l'édition. Ce qui, cerise sur le gâteau, n'empêche pas le populiste de reprocher simultanément au système médiatique de le tenir en marge et de rabâcher l'idéologie dominante favorable au système : le même Éric Zemmour, en tête de gondole des libraires, dans les colonnes d'un des plus grands quotidiens français ou en vitrine télévisuelle à une heure de grande écoute, se présente ainsi en paria et victime de la bien-pensance des médias. Avec des arguments peu différents, Jean-Luc Mélenchon va jusqu'à considérer comme légitime le rejet que ces derniers justifient d'inspirer, franchissant une dangereuse ligne jaune pour un parlementaire : « La haine des médias et de ceux qui les animent est juste et saine. »

À travers cette affaire du complotisme, le populisme apparaît aussi pour ce qu'il est : l'ennemi des Lumières, tant à travers le recul de l'idée de progrès que de celui de l'esprit critique. Il offre toutefois un vrai confort : face à

1. Raphaël Liogier, *Ce populisme qui vient*, Textuel, 2013.

la complexité du monde, au sentiment que ce dernier fonctionne d'une façon de plus en plus difficile à expliquer et à maîtriser, le complotisme propose un cadre qui prétend redonner du sens et une capacité de reprise en mains. Celle-ci passe par une radicalité inhérente au schéma conspirationniste dans une spirale décrite par le sociologue Gérald Bronner : la colère et la méfiance favorisent la recherche d'explications alternatives ; les explications complotistes elles-mêmes suscitent forcément, dès qu'on y croit, une puissante réaction de colère. Qui, se sachant manipulé, resterait sans réaction ? De ce point de vue, Pascal Ory évoque la radicalisation de l'islam comme une islamisation de la radicalité, selon une forme symétrique de ressentiment qui amène le délinquant à se muer en terroriste. Radicalité populiste *vs* radicalité intégriste, un tango macabre.

9. Le populisme est un anti-intellectualisme

En réponse à une vision élitiste de la société, qui a historiquement associé « classes laborieuses » et « classes dangereuses », soutenu le suffrage censitaire puis le gouvernement des meilleurs, et tenu la « vulgarité » et la moralité du peuple en piètre considération, le populisme a nourri un rejet des élites intellectuelles et du savoir académique lui-même. Les premières jugées coupables d'activer tous les leviers de la distinction pour s'accaparer un prestige social immérité et le second pour être prétendument mis au service de l'ordre établi. Savoir et pouvoir auraient ainsi partie liée : le ressentiment vis-à-vis des puissants est donc aussi un ressentiment vis-à-vis des sachants. On dénonce en vrac l'intelligentsia, les intellectuels mondains, les coupeurs de cheveux en quatre, le gauchisme de l'Université, les planqués de Saint-Germain-des-Prés, tous ces parasites qui font commerce de leurs idées et de leur entregent. Aux idéologies jugées trompeuses et dévoyées, aux sciences sociales gangrenées par la bien-pensance, on préférera toujours la sincérité des « braves gens », le « bon sens » populaire, celui qui veut que « 2 et 2 font 4 » ou qu'« il faut un homme et une femme pour faire un enfant[1] ». Le reste contribuerait à une forme d'enfumage ou de manipulation, au service d'intérêts obscurs, notamment de minorités dont on ne cesserait d'étendre le champ des droits au détriment des justes valeurs et d'un ordre immuable. La science est ainsi convoquée quand ses conclusions arrangent et rejetée quand elles dérangent. L'insécurité dont la réalité statistique, tout en nuances, ne permet pas de conclure à une flambée générale, en offre une illustration : face à ces statistiques qu'on juge « bidonnées », chacun est invité à prendre la mesure de l'évidente montée de l'insécurité, au rythme des faits divers relayés par l'information en continu, dont l'amplification biaise mécaniquement l'appréhension. L'expertise n'est donc plus de mise : seul compte le ressenti de chacun, érigé en boussole pour tous.

10. Le populisme est un déclinisme

Affaissement moral, effondrement de l'autorité, crise civilisationnelle, décadence, les mêmes superlatifs

1. Luc Boltanski et Arnaud Esquerre, *Vers l'extrême. Extension des domaines de la droite*, Éditions Dehors, 2014.

s'égrènent chaque fois pour qualifier la gravité de la situation et l'injonction faite à la nation de réagir : dans l'entre-deux-guerres déjà, la frivolité des « années folles » avant le triomphe de « l'esprit de jouissance » (dénoncé par Pétain en 1941), la chienlit puis l'avachissement des mœurs après Mai 68, l'appel au sursaut patriotique renvoie toujours à l'expiation des péchés d'une société succombant aux caprices de l'individu roi et aux faiblesses du temps. Toujours le même relâchement des esprits et des comportements, la perte des repères traditionnels, l'autorité et le respect bafoués... telle est la ritournelle populiste : la conviction que la société se délite et qu'elle ne s'en sortira qu'en se purgeant de ses excès. L'appel au peuple est toujours un appel à la rédemption, visant à corriger les déviances observées.

La peur du déclassement collectif et celle du déclassement individuel vont de pair. Autrefois la religion, à droite, et les révolutions, à gauche, offraient un horizon souriant, fut-ce au-delà de son existence terrestre ou comme promesse d'émancipation pour ses enfants. Ces bannières-là se sont effilochées, et rien n'est venu les remplacer. Pire, l'horizon s'est chargé de menaces nouvelles, notamment climatiques. L'avenir qui inspirait, pour soi-même ou ses enfants, aujourd'hui fait peur tant il semble synonyme de régression. Mais, comme le dit François Dubet[1], la peur du déclassement est en réalité supérieure au risque réel de déclassement. De la même façon que l'hostilité vis-à-vis des étrangers découle moins

1. François Dubet, *Le Temps des passions tristes. Inégalités et populisme*, Seuil, 2019.

de leur présence que du fantasme de leur invasion. Les cartes établies par Hervé Le Bras du vote en faveur du RN, qui atteint son maximum à une cinquantaine de kilomètres des métropoles, sont en effet sans lien avec celles de la répartition des immigrés sur le territoire. Si l'on osait, on dirait que les électeurs de Marine Le Pen sont tout à la fois ceux qui manifestent le plus fort rejet des immigrés et ont la plus faible probabilité d'en croiser.

Tout ceci mis dans le même mixeur entretient l'idée, ancienne, que « c'était mieux avant » et que ce serait même mieux ailleurs. S'agissant de la France, Hervé Le Bras dans son dernier ouvrage a mis en évidence ce décalage à grand renfort d'indicateurs, économiques, sociaux, sociétaux, culturels : même si les Français semblent s'être convaincus du contraire, il fait évidemment mieux vivre aujourd'hui en France qu'ailleurs, et surtout qu'hier.

11. Le populisme est un (re)sentiment

En observant un Trump à l'œuvre, on est surpris qu'un gouvernant ouvertement menteur, au racisme et à la misogynie mal contenus, vulgaire, puéril et impulsif jusque sur les réseaux sociaux, d'une probité questionnée par ses interactions avec certaines puissances étrangères ou par la dissimulation d'informations financières au fisc américain, soit devenu une figure populiste populaire, alors qu'il semble incarner tous les travers généralement attribués aux élites honnies, entre incompétence et immoralité. L'antimodèle devenu modèle, comme Silvio Berlusconi quelques années plus tôt, riche homme d'affaires italien et vedette des médias, à l'honnêteté discutable et aux frasques orgiaques, assez loin de l'homme du peuple. Succès irrationnel ? Point du tout : ces hommes parlent au peuple, à ses tripes, flatte ses instincts, lui offrant la figure en même temps du succès et de la transgression. « Votez avec votre ventre, pas avec votre cerveau », selon la formule de Beppe Grillo. Ce faisant, le « sentiment » de chacun devient la boussole démocratique, qu'il s'agisse du « sentiment d'insécurité » économique, culturelle ou physique, c'est-à-dire celui de sa propre vulnérabilité face à un phénomène exogène, sans lien nécessaire avec la réalité du risque d'exposition à ce dernier.

Le populisme, pas avare d'une contradiction, privilégie le peuple sur l'individu mais ne cesse de faire appel à la subjectivité de ce dernier, en mobilisant ses passions, y compris les plus tristes, dans un cocktail de peur, de mécontentement, voire de colère ou de fureur. Ainsi est-il notamment fait appel à son ressentiment, qui a l'avantage d'être la chose la mieux partagée au monde et de n'être l'apanage d'aucune classe sociale. Le ressentiment ou la conviction de ceux qui se voient comme les perdants de l'histoire, même s'ils ne le sont objectivement pas toujours. Sans doute s'agit-il là du sentiment populiste par excellence, dirigé contre tous ceux que l'on suspecte d'avoir davantage que ce qu'ils méritent, de réussir mieux que soi de façon injustifiée. Qu'ils soient d'ailleurs tout en haut de la pyramide sociale ou tout en bas, des nantis aux assistés, tous parasites. Hors les élites, ce ressentiment n'a pas de cible fixe, jouant de boucs émissaires variés : le « Sud », en Italie, l'État central et Washington aux EU, les minorités un peu partout, les « bobos »... Si Houellebecq rencontre un succès à part, c'est sans doute aussi parce que, bien dans l'époque, il est celui qui, comme l'ont noté beaucoup de commentateurs, a fait de la frustration et du ressentiment une matière littéraire puissante, marchant sur les traces de Flaubert ou de Zola dans leur commune capacité à capter l'air de leurs temps.

Le règne de ce couple ressentiment/frustration serait à lier, comme le développe François Dubet, à l'individualisation des conditions : malgré leur accroissement, les inégalités ne sont plus lues à l'aune de mécanismes explicatifs collectifs mais renverraient chacun à sa propre condition et ses propres échecs. L'éclatement des protestations supplante les mobilisations collectives, et l'augmentation des inégalités se traduit par la haine des pauvres en même temps que celle des riches. Le sentiment d'humiliation individuelle se transforme alors en haine de l'autre plutôt qu'en mépris pour soi-même. Ainsi le blanc se focalise-t-il sur le « basané », l'actif sur l'« assisté », l'ouvrier français sur le travailleur immigré, les hommes qui perdraient leur rang sur les femmes. Avec une conséquence politique non négligeable puisque le ressentiment opère la conversion du vote social en vote identitaire, au prix d'un tour de passe-passe démocratique inédit : alors que les inégalités sociales se sont envolées, le peuple s'est laissé convaincre en même temps qu'autoconvaincu de reléguer la question sociale derrière la question nationale. C'est notamment le sens de la déclaration de Jean-Luc Mélenchon le soir des élections européennes de 2015, ce dernier reconnaissant que « le clivage dans ce pays n'est plus social mais ethnique ». De ce point de vue, les frustrations liées aux insuffisances de la mondialisation et de la démocratie nourrissent le même mouvement en Europe et aux EU.

*

Si, à travers ses 11 péchés capitaux, le populisme peut être considéré à la fois comme une vaste arnaque quant à ses présupposés et comme un réel danger quant aux solutions auxquelles il aboutit, il représente dès à présent un squelette dont nous avons réalisé la radiographie. Et sur lequel la société française semble follement encline à ajouter une chair consistante.

I

LA SOCIÉTÉ FRANÇAISE, RONGÉE PAR LE VIRUS DU POPULISME

Les fractures françaises[1] ou la matrice du populisme

Coquetterie ou schizophrénie française, nos rêves de grandeur, de concorde et de réconciliation nationale se fracassent sur le mur de nos représentations. La France est l'un des pays les plus riches, l'un des pays où la solidarité entre ses membres est la plus poussée, un pays dont la culture et l'art de vivre lui valent un rayonnement planétaire, au point d'être même la première destination touristique mondiale. Pas si mal pour un pays qui représente moins de 1 % de l'humanité. Depuis les quatre coins du monde, la France est admirée, aimée, enviée, visitée. Mais cela ne suffit pas à flatter notre orgueil national. Nous voudrions être, en toute chose et en tout lieu, un phare pour le monde, imaginant l'avoir été,

1. Les données qui figurent dans ce chapitre sont principalement issues des différentes vagues du Baromètre de la confiance politique réalisé par le CEVIPOF et OpinionWay (pour le compte de la Fondation Jean-Jaurès notamment), de l'enquête annuelle du même CEVIPOF portant sur les Fractures françaises (pour le compte de la Fondation Jean-Jaurès notamment) et de l'enquête réalisée par la Fondapol (Fondation pour l'innovation politique) et l'institut OpinionWay intitulée *2022. Le risque populiste en France.*

ambitionnant de le redevenir. Ne supportant manifestement pas qu'il en soit autrement, nous avons développé une autre exception française : une capacité d'autodénigrement à nulle autre pareille. Parce que, selon nos critères, nous ne serions pas les premiers de la classe, nous avons fini par nous percevoir comme les pires des cancres. Entre arrogance et défiance françaises...

Destin ou déclin français ?

En l'espèce, les deux tendances se confondent dans l'esprit de l'écrasante majorité des Français : ainsi, pour près de 8 Français sur 10 (78 %), la France est belle... et bien en déclin. Ce n'est pas une nouveauté, et la tendance est même moins marquée que dans les années 2014-2016, où elle se situait à 85-86 %. Mais le quinquennat d'Emmanuel Macron a produit un effet inédit : alors que son élection avait réussi à siphonner comme jamais ce sentiment de déclin collectif, qui avait ainsi reculé de 17 points entre avril 2016 et juin 2017, celui-ci est ensuite remonté de 9 points en quatre ans. Si l'élection d'Emmanuel Macron a donc créé un puissant espoir, sa présidence a engendré une sévère déception.

Facteur aggravant, la remontée tient surtout à ceux qui considèrent ce déclin comme irréversible (+7 points). On peut ainsi parler d'un déclinisme désespéré, à tendance nihiliste, caractéristique du RN, dont 1 sympathisant sur 2 (49 %) partage cette conviction. L'optimisme est d'ailleurs minoritaire dans toutes les catégories, sauf chez les sympathisants de LREM où il est (très légèrement) majoritaire (52 %). On a souvent évoqué l'idée d'un bonheur privé et d'un malheur public, fait d'optimisme individuel et de pessimisme collectif, illustré par le fait que la proportion de personnes inquiètes de la situation économique nationale (77 %) était supérieure à celle se disant inquiète pour leur propre situation financière. Le sentiment de déclassement individuel existe néanmoins et fait écho à ce déclinisme général : en la matière, les Français écrasent leurs voisins, près de la moitié d'entre eux (47 %) étant persuadés en 2020 que leur niveau de vie se dégrade (proportion tombée à 37 % toutefois depuis, dans un contexte de crise sanitaire et de déploiement d'importantes béquilles économiques pour les entreprises et amortisseurs sociaux pour les particuliers).

Il en découle ainsi une nostalgie d'hier et une crainte de demain, le passé étant érigé en boussole, l'avenir ayant un effet repoussoir. Déclinisme et passéisme se répondent mutuellement : sur les dix dernières années, entre les deux tiers et les trois quarts des Français disent s'inspirer des valeurs du passé dans leur vie ; mais, là encore, le quinquennat d'Emmanuel Macron a été marqué par un renforcement de cette tendance avec une remontée de 65 à 74 % entre 2017 et 2020 ; *idem* pour la conviction que « c'était mieux avant », dans les mêmes proportions, avec une hausse de 64 à 68 % entre 2017 et 2020.

L'année 2017 constitue rétrospectivement une sorte de plancher, l'élection de ce nouveau président, jeune, moderne et ambitieux ayant créé une vraie bulle d'optimisme. Mais, telle une bulle de savon, celle-ci n'a malheureusement pas duré, l'action du Président n'ayant ensuite cessé de décevoir. Telle est la spirale piégée des amours déçues : elles engendrent une violente rancune.

Une « défiance 360° »

Yann Algan et Pierre Cahuc ont décrit en 2007, dans un livre qui a fait date, la France comme une « société de défiance ». Quinze ans plus tard, l'heure est encore plus grave avec une « défiance à 360° », qui s'exprime quelle que soit la direction dans laquelle on regarde. On parle ainsi de défiance horizontale pour décrire la défiance interpersonnelle et de défiance verticale pour décrire celle qui frappe le système institutionnel, les deux additionnant leurs effets comme jamais. En réalité, l'exercice donne le tournis : le riche est un profiteur, le pauvre un assisté, le politique un parasite, le patron un voyou, le syndicaliste un feignant, le monde extérieur un ennemi, l'étranger un danger... En résumé, l'autre est une menace et les institutions sont une plaie.

Le niveau de défiance interpersonnelle est ainsi stabilisé à un niveau très élevé, partagé par près de 8 Français sur 10 (entre 78 et 80 % depuis 2013), qui considèrent qu'« on n'est jamais assez prudent quand on a affaire aux autres ». Avec un malus pour l'étranger : s'agissant de personnes d'une autre nationalité, le niveau de confiance a reculé en dix ans de 72 à 55 %. En la matière, l'attitude des Français est celle qu'avait décrite Jean-Marie Le Pen, respectant une logique de cercles concentriques, en déclarant faire davantage confiance à sa famille (entre 90 et 95 %), puis à ses voisins (entre 70 et 75 %), devant les gens d'une autre nationalité et enfin les personnes rencontrées pour la première fois (autour de 40 %). Résultat, seul 1 Français sur 5 affirme pouvoir spontanément faire confiance aux autres, contre 1 Anglais sur 2 ou 1 Danois sur 3.

La défiance institutionnelle frappe essentiellement les syndicats (autour d'un tiers de confiance depuis 2014), les parlementaires (entre 25 et 30 %), les médias (autour d'un quart) et, lanterne rouge, les partis politiques (autour de 10 %), tous dans les tréfonds. Cette désaffection très grande pour les partis politiques et les syndicats notamment – jugés comme des moyens d'expression efficaces pour seulement 6 % des personnes interrogées – est bien plus marquée chez nous (2 à 3 fois en moyenne) que chez nos voisins. Ce sont donc toutes les « représentations » qui sont en perte de légitimité.

Mais derrière, c'est l'intérêt pour la politique elle-même qui s'émousse : il a en effet baissé de 10 points environ en dix ans, passant de 60 à 49 %. Les Français, peuple prétendument politisé, sont en la matière très largement distancés par le Royaume-Uni (de 10 points), par l'Italie (de 20 points) et par l'Allemagne (de 30 points). En écho à ce désintérêt, la politique inspire des sentiments négatifs à 77 %, la méfiance caracolant en tête (39 %, très stable sur dix ans), loin devant le dégoût (23 %, mais après être monté à 33 % sous le quinquennat de François Hollande) et l'ennui (12 %)... Peuple politisé peut-être, peuple désabusé, c'est évident.

Et la foudre frappe sans distinction. Le populisme est un dégagisme qui n'épargne personne, y compris les leaders populistes : 58 % des électeurs de Jean-Luc Mélenchon en 2017 sont favorables à une autre candidature que la sienne en 2022, tout comme 44 % des électeurs de Marine Le Pen de 2017 souhaitent le remplacement de cette dernière (et même 47 % des électeurs RN au scrutin européen de 2019).

Exceptions en matière de défiance institutionnelle, celles qui incarnent les fonctions régaliennes sont en revanche bien épargnées. L'armée et même la police – il faut noter un regain en faveur de cette dernière qui passe de 69 à 73 %, retrouvant ainsi le niveau de 2016 (mais pas le pic de 2013, à 80 %) – ne sont ainsi pas considérées comme comptables du sentiment d'insécurité très prégnant par ailleurs. Les Français considèrent au contraire qu'elles ne sont pas en situation d'assumer convenablement leurs missions, entravées soit par le manque de moyens soit par d'autres, à l'image de la justice qui se situe, elle, beaucoup plus bas.

Éclipse démocratique

En toute logique et en écho à ces données, la défiance démocratique s'enracine également. La démocratie comme système perd des plumes et une dizaine de points depuis 2014, passant d'une proportion des 3/4 à une proportion des 2/3 environ pour ceux qui considèrent qu'il s'agit du meilleur système possible. En l'espèce, la désadhésion la plus marquée s'observe au

RN et à LFI (55-56 %), même si la démocratie y conserve un soutien (légèrement) majoritaire. Mais, fait notoire, si les deux formations convergent, c'est après avoir suivi deux trajectoires opposées : une progression au RN (+10 points depuis 2016) en même temps qu'un très fort recul chez LFI (-25 points depuis 2014-2016). L'idée démocratique progresse donc à l'extrême droite – comme une sorte de pendant à la dédiabolisation du RN – alors qu'elle recule sévèrement au sein de la gauche radicale.

Pour évaluer le risque populiste en France, la Fondapol a conçu un indicateur de « protestation électorale » afin d'en suivre l'évolution d'ici l'élection présidentielle de 2022. La vague 3 de ce baromètre (septembre 2020) révèle un recul net et rapide de l'adhésion à la démocratie représentative qui passe, en neuf mois seulement, de 64 à 59 %. Ce désamour démocratique concerne toutes les catégories socioprofessionnelles, mais les artisans, commerçants et chefs d'entreprise sont les moins nombreux à soutenir le régime représentatif (38 %), derrière les ouvriers, également minoritaires dans leur soutien (à 44 %). L'âge constitue une autre ligne de fracture puisque moins de la moitié des jeunes démontrent un attachement à la démocratie représentative (46 % des 18-24 ans et 44 % des 35-34 ans), surtout séduits par un système de démocratique directe (2 à 3 fois plus que par un système de pouvoir fort). Parmi les partisans de la démocratie directe, sont surreprésentés les personnes disant être mécontentes de leur vie, les « antivax » ou celles favorables à la détention d'armes (30 % contre 23 %).

Éclaircie néanmoins en ce printemps 2021 : la démocratie connaît un regain d'affection en sortie de confinement, près d'1 Français sur 2 considérant qu'elle fonctionne bien (48 %), renouant quasiment avec le meilleur score enregistré par le baromètre du CEVIPOF en 2009 (50 %). Éclaircie passagère ou arrivée d'un anticyclone ? L'observation des tendances de moyenne durée plaide pour la première réponse. Le niveau d'abstention record aux dernières élections régionales en fournit un récent indice.

La trahison des élites : du « tous nuls » au « tous pourris »

L'un des indicateurs peut-être le plus éclairant pour mesurer ce climat populiste et le sentiment de fracture entre les élites et le peuple tient à l'infime proportion de Français (12 %) qui considère que « les élites prennent des décisions qui vont dans l'intérêt de la population ». À cette aune, on comprend l'envie de se débarrasser d'elles, et même l'urgence qu'il y aurait à le faire. Les autres considèrent, pour un gros tiers (37 %), qu'« elles pensent prendre des décisions qui vont dans le sens de la majorité mais que ce n'est pas le cas », quand une moitié (51 %) estime que les élites prennent sciemment des décisions dont elles savent qu'elles sont contraires à l'intérêt de la majorité. « Les élites contre le peuple » n'est pas qu'un slogan, il a ici une puissante dimension statistique. Cette dernière conviction majoritaire d'une trahison volontaire du peuple par les élites prospère surtout chez les sympathisants LFI (68 %), puis LR (58 %) et RN (56 %). Vis-à-vis des élites, la demande porte avant tout et de loin sur leur normalité, leur représentativité puis leur désintéressement et leur sincérité, dont on espère ainsi qu'elles les rendront plus efficaces.

Ces élites ne sont pas seulement incompétentes et malveillantes ; elles sont malhonnêtes et immorales. Le soupçon de corruption et de cupidité se situe ainsi à des niveaux constamment très élevés – entre 60 et 70 % pour le premier, entre 70 et 80 % pour le second –, mais toutefois en net recul (-7 et -11 points) depuis 2017, et aussi 2016 qui constituait un sommet. Même chose pour le sentiment d'être mal représentés, passé de 76 à 70 %, avec toujours une très large surreprésentation côté LFI et RN, à 81 et 88 %. On s'étonne, à la lecture de tels chiffres, que le système tienne encore tant ses fondations semblent fragiles.

La démondialisation heureuse

La défiance est aussi marquée envers le monde extérieur. La mondialisation est majoritairement vue comme une menace – entre 55 et 60 % des sondés –, avec une année minoritaire exceptionnelle en 2017 à 48 %, et une remontée depuis de 12 points. Une autre illustration de « l'effet Macron » précédemment souligné : l'envie d'y croire à l'issue d'une présidence normale faite de beaucoup de désillusions, l'idée – immature ? – entretenue par l'esprit des institutions qu'un homme parvenu au pouvoir peut à lui tout seul inverser la vapeur, *a fortiori* s'il a le visage de la jeunesse et du succès, puis la résignation bileuse faisant suite à l'impatience et à l'espoir contrariés.

Une fois constaté ce qu'avait d'illusoire le retour de notre « grandeur », la demande de protection est remontée en flèche, passant de 53 à 65 % entre 2017 et 2020. L'appartenance à l'Union européenne reste néanmoins une bonne chose aux yeux d'une majorité de Français, quoique courte (53 %) et en recul de 5 points depuis le début du quinquennat. Ce point de vue n'est minoritaire que chez les seuls sympathisants de LFI et de façon nettement plus marquée encore au RN (22 %). Les Français restent ainsi très majoritairement favorables au projet européen lui-même – à 73 %, chez l'ensemble des sympathisants, avec un record absolu de 100 % pour LREM –, sauf au sein du RN (44 %). On perçoit clairement ici ce que recouvre ce clivage entre les tenants d'une société fermée et les tenants d'une société ouverte.

Cet attachement majoritaire à la construction européenne n'empêche pas que, en tendance, entre les 2/3 et les 3/4 des Français réclament un renforcement du pouvoir national, fût-ce au détriment de l'Europe, avec des scores maximums (et proches) chez les sympathisants du RN (81 %) et de LFI (78 %). S'exprime donc un besoin de reconquérir une souveraineté perdue qui doit avant tout se déployer dans un cadre national. Cette tendance trouve sa traduction dans le champ économique avec une demande de protectionnisme qui a augmenté de 11 points depuis 2017, passant de 50 à 61 % (autour de 60-65 % à gauche), légèrement inférieur à 50 % chez LR-LREM et très majoritaire au RN (75 %).

France, terre de rejet ?

Le sentiment qu'« on ne se sent plus chez soi comme avant » est tendanciellement majoritaire – autour de 6 Français sur 10 depuis 2013 –, mais il est en réalité minoritaire aux environs de 40 % chez tous les sympathisants, sauf ceux du RN et de LR où il est écrasant (91 et 75 %). Il a par ailleurs progressé dans d'importantes proportions chez les sympathisants de LFI, prenant 21 points entre 2017 et 2020, un record. Si aucune composante ne s'en désintéresse, la question identitaire n'est donc pas équitablement partagée, omniprésente voire obsédante à droite, en forte progression au sein de la gauche radicale, nettement plus marquée chez les ouvriers (65 %) et surtout les retraités (69 %) que chez les cadres (48 %).

De la même façon, pour 2 Français sur 3, en tendance, « il y a trop d'étrangers en France », avec le même clivage que précédemment (gauche-droite notamment), une majorité écrasante pour le RN (98 %) et LR (84 %) et une très forte poussée chez LFI (de 21 à 44 % entre 2016 et 2020). Les 2/3 des sympathisants LR et les 3/4 des sympathisants du RN en font même un facteur explicatif du chômage – contre moins de 30 % chez tous les autres. Insécurité culturelle et insécurité économique ne sont donc organiquement liées que pour une minorité de Français.

En revanche, une très large majorité de Français était persuadée en 2017, selon une étude de l'Ifop, d'une accélération du rythme de l'immigration : 85 % pensent en effet que le nombre d'étrangers vivant en France avait augmenté au cours des cinq années précédentes dont 62 % pensant qu'il avait même beaucoup augmenté, ce qui n'est en réalité pas le cas comme ont permis de le rappeler les différents travaux du démographe Hervé Le Bras. Mais, politiquement, le poids des représentations surpasse souvent la réalité sur laquelle elles se greffent. Selon cette même enquête, le regard sur l'immigration est négatif pour plus de la moitié des gens, un quart étant même convaincu que l'impact de l'immigration est très négatif. Résultat, près d'une personne sur 2 (45 %) se prononce en faveur d'une fermeture des frontières aux immigrants, réfugiés compris. Seuls 21 % des personnes interrogées souscrivent à l'idée que la plupart des réfugiés accueillis réussiront à s'intégrer, contre 46 % qui pensent l'inverse. Immigration dangereuse et intégration impossible : la France aurait cessé d'être une terre d'accueil. Il est pourtant utile de rappeler que la proportion d'immigrés se situe en France exactement dans la moyenne de l'Union européenne et qu'elle est inférieure dans notre pays à ce qu'elle est au Royaume-Uni, en Allemagne ou en Espagne. Ce qui y est en revanche supérieur, c'est la proportion d'enfants d'immigrés, et notoirement la proportion d'enfants d'un immigré ; ce qui précisément met en valeur l'importance des unions mixtes et, par ricochet, la réalité de l'intégration dans notre pays comparativement à d'autres.

La France n'est en réalité pas la seule à connaître quelque pulsion nationaliste et réaction de rejet en matière d'immigration, mais, si on la compare avec l'Allemagne, l'Angleterre et l'Italie, elle devance nettement ses voisins en ce domaine, avec près de 10 points d'écart. Voisins qui, pour deux d'entre eux, ont déjà cédé aux sirènes populistes. Mais, en resserrant la focale, les choses sont un peu plus complexes et plus éclairantes encore car les moyennes nationales recouvrent en réalité des écarts significatifs entre composantes de la population. Si la France se distingue par une moyenne nettement plus élevée que ses voisins, c'est avec une gauche qui se montre plus ouverte qu'ailleurs et une droite beaucoup plus fermée que dans les autres pays. Autrement dit, le sujet est encore plus clivant chez nous. Le degré d'intensité du rejet de l'immigration par les sympathisants du RN ne se retrouve dans aucune composante d'extrême droite voisine ; mieux, ou « pire », le niveau de rejet des sympathisants LR lui-même surpasse nettement celui de toutes les autres formations étrangères, y compris les plus radicales. Ainsi, notre droite « républicaine » se montre-t-elle encore moins tolérante, face au fait migratoire, que les groupes postfascistes de l'AfD allemande, de Fratelli d'Italia ou de la Ligue. À bien des égards, la tendance à la droitisation de la société française ressemble bien à une extrême-droitisation.

La chienlit, c'est fini

Derrière l'idée de brader l'héritage de Mai 68 et tout ce qu'il aurait charrié d'éléments de décadence et de renoncement, il y a aussi la volonté d'en finir avec une sorte de laisser-aller collectif. Entre 8 et 9 Français sur 10 considèrent notamment que l'autorité n'est plus respectée : c'est vrai pour 90 % des sympathisants du RN, mais, plus surprenant, le score atteint 96 % chez les sympathisants LR et même 97 % chez les sympathisants... LREM. On comprend mieux pourquoi Jupiter surjoue tant la verticalité et la poignée de main virile avec Trump ou Poutine.

En matière de solutions pour rétablir cette autorité dissoute, une partie de l'opinion ne s'encombre pas de pudeur : la France aurait besoin d'un vrai chef pour remettre de l'ordre, telle est la conviction de 97 % des sympathisants RN et des sympathisants LR, là encore à égalité. Philippe Guibert, dans une note du CEVIPOF de mai 2021, nuance légèrement ce point en faisant valoir que cette demande d'autorité n'est pas incompatible avec, par ailleurs, une demande de démocratie, les deux s'entremêlant davantage qu'elles ne s'opposent, comme la demande de verticalité et d'horizontalité. Le penchant en faveur d'un gouvernement assumé par « un homme fort qui n'a pas à se soucier du parlement ni des élections » recueille tout de même 34 % des opinions, mais ce qui constitue une baisse de 10 points sur ces dernières années et un niveau en outre moins marqué que chez nos voisins (avec des scores de 10 points supérieurs justement). Comme si la France succombait aujourd'hui paradoxalement moins que ces derniers à la mode du bonapartisme.

La dernière vague du baromètre de la confiance politique établi par le CEVIPOF, datant de mai 2021, fait également émerger un chiffre qui surprend : l'idée que l'armée dirige le pays est jugée bonne par 20 % des personnes interrogées, soit une progression de 5 points depuis 2017 (et de 8 points depuis 2012), dans une proportion – est-ce une consolation ? – qu'on retrouve d'ailleurs chez nos voisins. On comprend mieux, ici, l'écho reçu par une tribune de hauts gradés, alertant sur l'état de déliquescence du pays et envisageant une nécessaire mobilisation, dans une ambiguïté factieuse à peine voilée.

La France « orange mécanique »

De façon tout à fait cohérente, on observe un rebond record de l'insécurité, qui passe sur la dernière année de la 6e à la 1re place des préoccupations des Français – +16 points de 28 à 46 – alors que toutes les autres reculent (-11 points pour la protection de l'environnement notamment). La tendance est encore plus marquée chez les électeurs LR (72 %) que chez ceux du RN (58) ; à noter qu'elle est également présente chez les sympathisants de LREM (49). Sur certains sujets donc – rares, admettons-le –, l'écart entre les autodésignés « progressistes » et ceux qualifiés de populistes n'est pas si élevé.

Là encore, la question du ressenti demeure centrale, comme établi par la Fondapol dans ses travaux sur le risque populiste. Pour 72 % des personnes interrogées, la société est « de plus en plus violente », point de vue majoritaire dans toutes les catégories de sympathisants, mais avec 30 points d'écart entre LFI-EELV (56-57 %) et RN-LR (85-88 %). La Fondapol elle-même note que cette « représentation d'une conflictualité montante et déréglée peut être alimentée par les chaînes télévisuelles d'information continue ou par les réseaux sociaux, qui mettent en scène de façon quotidienne des faits de violence ». La lutte contre la délinquance est ainsi entrée dans le tiercé de ce que devraient être les priorités gouvernementales pour 50 % des sondés, contre 34 % seulement un an auparavant. Face à cette poussée de violence, plus de 3 Français sur 4 (77 %) considèrent que la police ne dispose pas de moyens suffisants pour garantir l'ordre, un quart de ces derniers (23 % précisément) allant jusqu'à revendiquer le droit de posséder une arme chez soi. Avant de moquer l'Amérique de Trump, il y a donc matière à balayer devant sa porte.

Et ce n'est pas fini : la peine de mort, le retour ? C'est en tout ce que révèle l'enquête annuelle du CEVIPOF sur les fractures françaises, qui voit en septembre 2020 la proportion de Français favorables à la peine de mort faire un bond inédit de 11 points, au point de redevenir majoritaire en atteignant son score le plus élevé à 55 %. Cette position reste toutefois minoritaire (autour du même score de 30 %) chez les sympathisants de toutes les formations politiques, hors deux – le RN à 85 % et LR à 71 % –, avec une explosion chez les sympathisants de LFI et ceux de LR. On est ici surpris de voir que la gauche radicale et la droite conservatrice peuvent se retrouver sur un sujet aussi fondamental et qui a longtemps constitué un marqueur traditionnel du clivage entre la gauche et la droite. Le dernier baromètre de confiance du CEVIPOF permet de nuancer cette flambée ponctuelle en faveur de la peine de mort, établissant qu'une petite moitié (autour de 46 %) de Français y demeureraient favorables en tendance, soit bien davantage néanmoins qu'il y a dix ans, où la tendance était alors d'un tiers.

L'islam, caillou dans la chaussure républicaine ?

Le débat public souffre d'une grande confusion dès lors que les questions de sécurité, d'immigration et d'islam se trouvent mêlées. Confusion confortable notamment pour l'extrême droite mais qui a pu se trouver entretenue par d'autres : un président de la République n'avait-il pas lui-même parlé de « Français d'origine musulmane » ? L'ennemi de l'intérieur est en tout cas aisément identifié à la faveur du mouvement terroriste international qui justifierait de voir derrière tout musulman pratiquant – voire pas – un danger. Ainsi, seule une minorité de Français – autour de 40 % – considère aujourd'hui l'islam compatible avec les valeurs de la société française, mais avec encore un net clivage : sans surprise, cette idée est ultraminoritaire à droite – 14 % au RN et 23 % chez LR en 2020 –, majoritaire ailleurs – entre 50 et 60 % –, mais avec un recul appuyé chez les sympathisants PS, de 13 points entre 2017 et 2020. Pour 75-80 % des gens, la religion musulmane cherche à imposer son mode de fonctionnement aux autres – avec toutefois un recul de 10 points depuis 2013 – tandis que la même proportion a le point de vue exactement opposé concernant la religion catholique.

Il convient pourtant de noter que le seul mouvement social – d'ampleur qui plus est – à forte composante religieuse à s'être élevé contre une décision politique au cours des dernières années est celui de La Manif pour tous, s'opposant à un principe d'extension des droits – l'accès au mariage en l'occurrence – faisant valoir un principe d'égalité républicaine entre des personnes n'ayant pas les mêmes orientations sexuelles. Le principe d'égalité femmes-hommes, fréquemment invoqué pour condamner l'« obscurantisme » de l'islam, de la même façon est rarement convoqué dans la discussion lorsqu'il s'agit de la religion catholique notamment, qui demeure résolument opposée à l'ouverture de la prêtrise aux femmes. Ainsi, la contradiction qu'il peut y avoir dans le rappel des « racines chrétiennes » de la France – ou de l'Europe – et l'appel à la défense de certaines valeurs fondamentales – parmi lesquelles l'égalité des sexes – ne semble pas heurter grand monde. Au contraire. L'obscurantisme religieux bénéficie donc de traitement à géométrie variable. Parallèlement, la proportion de Français considérant que l'islam est une religion porteuse de violence et d'intolérance est ainsi passée d'environ à 30 % à environ 50 % entre 2015 et 2020, point de vue minoritaire chez tous – autour de 30 % pour la plupart des formations et de 40 % pour LREM –, mais largement majoritaire à droite (2/3) et à l'extrême droite (3/4).

Mauvaises humeurs

En février-mars 2021, la radioscopie des émotions ressenties par les Français, après une année de pandémie si singulière, laisse peu de motifs de réjouissance malgré un élément de surprise : la première place du classement est occupée par un sentiment positif, l'espoir. Mais, comme on pouvait s'y attendre, le top 5 est ensuite constitué, dans l'ordre, de la tristesse, de la colère, de la peur et du désespoir.

Logique, serait-on tenté de dire alors que la pandémie n'a pas totalement reflué, mais un détour par l'étranger confirme d'idée que ce découragement général constitue un état d'esprit spécifiquement français, marqué par un niveau de « lassitude » (41 %, en hausse de 31 points en un an) et de « morosité » (34 %, en hausse de 12 points en un an) cumulé qu'on ne retrouve chez aucun de nos voisins. Par contraste, les Allemands citent la sérénité en premier – tout comme les Britanniques d'ailleurs, pourtant bien plus lourdement éprouvés par la pandémie – et en deuxième le bien-être.

Les sentiments qui l'emportent à l'égard de la politique du gouvernement ne sont guère plus souriants : dans l'ordre, l'inquiétude (6,5) et la colère (6), significativement devant l'espoir (4,2/10).

Imagine-t-on, selon le bon adage populaire, que la peur et la colère puissent être bonnes conseillères ? La défiance constitue l'une des clés du mystère français. L'un de ses ressorts tient à l'incapacité des gouvernements à avoir protégé les citoyens des dérèglements du système économique, dont la classe moyenne occidentale a fait les frais. Après plusieurs décennies de capitalisme intégrateur, permettant l'entrée des catégories populaires dans la société de consommation, un capitalisme désintégrateur a au contraire entraîné une stagnation du pouvoir d'achat, une augmentation des inégalités – quoique globalement contenue en France par les effets de la politique fiscale et sociale –, une hausse du chômage et une bipolarisation du marché du travail.

Cette défiance a un certain nombre de conséquences. Économiques d'abord, car on sait que la défiance est un frein à la coopération et à l'innovation ; elle conduit notamment à ce que nos entreprises fonctionnent sur une logique de verticalité et de contrôle, qui freine l'autonomie et l'esprit d'initiative, qui néglige la reconnaissance, l'efficacité collective et l'épanouissement individuel. Elle a également des conséquences sociales car elle influe sur le niveau de solidarité que l'on est prêt à fixer : quand l'autre est vu comme un parasite, quand le chômeur est rendu responsable de sa situation, quand s'impose l'idée que les politiques sociales mobilisent un « pognon de dingue » sans réduire la pauvreté, la tentation est naturellement plus forte d'organiser un repli sur soi et de réduire les chaînes de la solidarité. Conséquences sanitaires également, en période de Covid : des études ont permis de lier niveau de défiance et niveau de propagation du virus, selon un mimétisme qui aurait tiré tout le monde vers le bas en termes de respect des gestes barrières ; en effet, pourquoi les respecter soi-même si l'on suppose que personne ne le fait ? Conséquences démocratiques, enfin et surtout. La défiance, associée au mal-être, est un formidable levier pour le vote populiste[1]. Le vote de classe a ainsi reculé : désormais, si la situation économique et sociale de

1. Yann Algan, Elizabeth Beasley, Daniel Cohen, Martial Foucault, *Les Origines du populisme. Enquête sur un schisme politique et social*, Seuil, 2019.

l'électeur demeure un déterminant de son vote, elle n'est plus un facteur qui suffit à l'expliquer, supplantée qu'elle est par le rapport au monde entretenu par ce dernier. Confiance en l'avenir, confiance en soi, confiance en l'autre : autant de vecteurs de bien-être et autant de remparts à la tentation du vote populiste. Nous en sommes donc très loin.

Populisme et mouvement social : la flambée des Gilets jaunes

Si, en France, le populisme progresse dans la société et prospère sur le plan électoral depuis plusieurs décennies, le mouvement des Gilets jaunes doit être marqué d'une pièce blanche : il en a opéré le glissement, de façon inédite, du champ politique vers le champ social. Car même si cette manifestation ne saurait se réduire à son caractère populiste, ce dernier n'en est pas moins incontestable et central. Qu'il s'agisse de ses modalités d'émergence puis de mobilisation, de ses mots d'ordre, de la radicalité de ses modes d'action, de ses accointances politiques et culturelles, la fièvre jaune de l'hiver 2018 aura bien été une fièvre populiste.

Pierre Poujade en Gilet jaune

Au commencement était la taxe, étincelle d'une révolte antifiscale comme notre histoire sociale en a couvé beaucoup. Des soulèvements contre la dîme ecclésiastique aux ligues de contribuables mobilisées contre la création de l'impôt sur le revenu au début du

XXe siècle, des « bonnets rouges » bretons aux « pigeons » de l'écosystème numérique plus récemment, en passant par l'Union de défense des commerçants et artisans de Pierre Poujade dans les années 50, la « taxo-phobie » est une passion très française. Jérôme Fourquet a d'ailleurs opportunément comparé le prix du carburant pour notre société moderne à ce que fut celui du blé sous l'Ancien Régime : un baromètre des humeurs populaires, pouvant brutalement s'affoler et venir percuter le pouvoir en place. L'introduction de cette taxation nouvelle avait tout pour être abrasive : elle venait d'abord prolonger une flambée déjà tendancielle du prix du fuel – + 30 % à la pompe pour le diesel dans les douze mois précédant le mouvement –, au point qu'en novembre 2018 ce sujet se classait en tête des conversations des Français ; elle venait en prime faire écho au mécontentement récent, lui aussi lié à une capacité de circulation amputée, avec la limitation de la vitesse à 80 km/h. Dans les zones rurales, celles où l'on parcourt au quotidien les plus longs trajets et où la vie sans automobile est impossible, l'hostilité à cette mesure concernait ainsi près de 8 Français sur 10. À quelques mois d'intervalle, les initiatives gouvernementales conduisaient donc à ce que la France des automobilistes roule moins vite et pour plus cher. Quand la goutte d'essence fait déborder le réservoir du mécontentement.

De ce fait générateur, on peut aisément déduire la sociologie du mouvement de protestation qui allait en découler. La France des Gilets jaunes est avant tout une France active, non urbaine, confrontée à la nécessité de déplacements motorisés quotidiens, fédérée autour du modèle de la maison et de la voiture individuelles. Elle regroupe ainsi toutes ces catégories populaires et ces classes moyennes inférieures qui, bien que travaillant, rencontrent des difficultés pour boucler leurs fins de mois. Le CREDOC[1] a consacré au mouvement une analyse socio-économique très fouillée qui confirme une surreprésentation des jeunes, actifs, pauvres et « accidentés de la vie » : 70 % ont un revenu inférieur au revenu médian, la moitié a moins de 40 ans, et, plus que les autres, ils souffrent d'un handicap, d'une maladie chronique ou ont été confrontés dans un passé récent à un élément de déstabilisation, qu'il s'agisse d'un décès familial ou d'une rupture conjugale. Soit le portrait d'une France fragile, économiquement, socialement et psychologiquement. Une France de la « débrouille » aussi, dont les pratiques de consommation pourraient être résumées, en s'inspirant encore des analyses de Jérôme Fourquet[2], par le triptyque « Logan/Lidl/Le Bon Coin », entre low cost, hard discount et marché secondaire. L'Ifop a notamment mesuré la corrélation entre sympathie pour ce mouvement social et fréquentation du Bon Coin, la plateforme étant qualifiée par l'historien Jacques Le Goff d'« antisystème », sorte de foire numérique débarrassée des intermédiaires « parasites » permettant l'échange direct entre habitants d'un même territoire. La transformation numérique et le localisme réconciliés, ou l'anti-Amazon.

1. « Le mouvement des Gilets jaunes ou les limites d'un modèle de société », *Note de recherche n° 349,* décembre 2019.

2. Jérôme Fourquet, « La fin de la grande classe moyenne », *Note de la Fondation Jean-Jaurès,* mai 2019.

Pour établir le portrait-robot de cette France en Gilet jaune, Jérôme Fourquet a employé la formule de « génération cariste », comme figure emblématique d'un mouvement qui se confond avec cette nouvelle économie de services, dont le secteur de la logistique illustre bien la descente en gamme des emplois ouvriers. Cariste pour les hommes, donc, et métiers du *care* pour les femmes, plus présentes que d'habitude dans ce mouvement : on pense à tous ces secteurs de l'aide à la personne, faits d'infirmières, d'aides-soignantes à domicile ou en EHPAD, d'assistantes maternelles, de nounous ou de femmes de ménage... Beaucoup constituent ces familles « monoparentales », quasi exclusivement féminines, dont la proportion a triplé en quarante ans et qui représentent maintenant près d'un foyer sur quatre. Les premières à enchaîner les galères du quotidien et à trébucher lorsqu'un coup dur survient. Tout ce « back-office » de notre société[1], en mal de reconnaissance symbolique et matérielle, qui s'est subitement signalé en arborant un emblème jaune fluorescent pour se donner une visibilité que la société jusqu'alors lui refusait. Le CREDOC a également travaillé sur ce « sentiment d'invisibilité », en mesurant la part des Français s'estimant confrontés personnellement à des « difficultés invisibles » et, ce faisant, non prises en considération, et par les pouvoirs publics et par les médias. Cette proportion, de 58 % en 2019 pour l'ensemble de la population, culminait chez les Gilets jaunes à... 85 %. En somme, une

1. Denis Maillard, « L'incroyable reconnaissance du back-office de la société », *Note de la Fondation Jean-Jaurès*, avril 2020.

souffrance d'autant plus insupportable qu'elle est déniée par la société dans son ensemble. Ainsi s'agrègent donc les paramètres qui figurent systématiquement sur la carte d'identité des Gilets jaunes : dépendance à la voiture, pénibilité professionnelle, frustration sociale. Un cocktail qui a subitement explosé sur tous les ronds-points de l'Hexagone.

Mais l'autre spécificité sociologique du mouvement, qui aura d'ailleurs contribué à son déport vers un centre de gravité populiste, c'est – fait rare en matière de conflictualité sociale – la jonction qu'il réalise entre ces catégories populaires salariées et la France des classes moyennes indépendantes, des commerçants, artisans, petits patrons et autres autoentrepreneurs. Ces catégories-là aussi sont surreprésentées parmi ce peuple en jaune, et leur présence contribue à changer la tonalité des revendications exprimées. Alors que la grogne initiale relève d'une question de pouvoir d'achat, de la crainte de décrocher un peu plus de cette société de consommation à laquelle il est essentiel de continuer à s'arrimer pour conserver un statut et limiter le sentiment d'humiliation sociale, aucune revendication salariale n'est en tant que telle formulée. La logique classique du conflit social, symbolisée par l'occupation d'usines et la manifestation de rue, cible généralement les milieux patronaux à la cupidité desquels l'enjeu est d'arracher de nouveaux droits et une augmentation sonnante et trébuchante. Rien de tel ici : personne n'interpelle les patrons, seuls l'État « parasite » et l'impôt confiscatoire étant pointés du doigt. Plutôt que de justice fiscale, et malgré la demande confortée de services publics par ceux qui bloquent les ronds-points, c'est le « ras-le-bol fiscal » qui l'emporte, comme le confirme le succès de la pétition en ligne lancée au début du mouvement par Priscillia Ludosky.

Les relents poujadistes du mouvement ne se limitent d'ailleurs pas à cette entrée en matière antifiscaliste : les questions de pouvoir d'achat, sans disparaître totalement, cèdent très rapidement le pas devant un rejet uniforme des élites, accusées de piloter le système au service de quelques-uns, avec un mot d'ordre dégagiste assumé et souvent haineux, qui s'est traduit par un appel explicite à marcher sur l'Élysée, à réclamer la démission du président de la République et la dissolution de l'Assemblée nationale. Ce que bien peu de conflits sociaux ont en réalité explicitement formulé, même parmi les plus massivement mobilisateurs. La remise en cause de nos institutions et du personnel politique a d'ailleurs débouché sur la promotion d'une mesure bientôt phare, un référendum d'initiation citoyenne pour rendre notre démocratie plus directe et restituer le pouvoir à celui qui en aurait été dépossédé par ses représentants : le peuple. Si, en 2016, le mouvement « Nuit debout », plus circonscrit par son ampleur et sa durée, et d'une composition sociologique différente, avait pu défendre la même ambition de redonner du pouvoir à la société civile, jamais il ne s'était fondé sur une telle opposition entre un peuple paré de toutes les vertus et ses représentants chargés, eux, de toutes les tares.

Le parallèle avec le réveil citoyen de « Nuit debout » permet de mettre aussi en lumière une autre différence notoire dans l'expression du mécontentement : une revendication d'émancipation qui ne se fonde pas sur une colère et ne s'exprime pas sous forme haineuse, là où le mouvement des Gilets jaunes s'est très rapidement inscrit dans une radicalité et une violence inconnues depuis Mai 68 voire depuis la guerre d'Algérie. L'historien Sylvain Boulouque a d'ailleurs noté que, pour la première fois, de façon spontanée, ultradroite et ultragauche avaient ainsi additionné leur force d'action pour instrumentaliser la colère des nombreux primo-manifestants de ce mouvement et orchestrer chaque semaine d'importants débordements. En tout état de cause, les Gilets jaunes représentent le premier mouvement social d'envergure – hors ceux à dimension religieuse, comme La Manif pour tous ou le mouvement en faveur de l'école privée de 1984 –, dont la radicalité et la philosophie ne s'ancrent plus à gauche mais s'expriment dans un dépassement des clivages traditionnels.

Un mouvement social désintermédié ou la radicalité sans filtre

Là où les discours populistes associent la démocratie représentative à une confiscation du pouvoir par une caste et ne jurent que par la pureté de la démocratie directe, les Gilets jaunes ont comme opéré une transposition de ce principe dans le champ social. En effet, alors que ce dernier avait toujours été régulé grâce au relais d'organisations syndicales ou d'associations établies, la mobilisation des Gilets jaunes a disrupté cette règle fondamentale du dialogue social. C'est ainsi que, pour la première fois dans l'histoire de la Ve République, a émergé un mouvement social « sauvage » d'envergure nationale, né hors de toute structure instituée et affranchi de tout corps intermédiaire.

Édouard Philippe, alors Premier ministre, se souvient encore du fiasco de l'invitation lancée à une délégation de huit « représentants » du mouvement, à venir dialoguer à Matignon la veille de « l'acte 3 ». Ce vendredi 30 novembre, seulement deux d'entre eux se présentent au rendez-vous avec le Premier ministre. Un, finalement, quittera les lieux au bout de quelques minutes, après le refus du chef du gouvernement de voir la discussion filmée et retransmise en même temps sur Facebook. Le second Gilet jaune est resté un plus longtemps mais sans se montrer ni s'exprimer après l'échange. Pour se protéger de la pression des Gilets jaunes opposés à cette rencontre au sommet, il est même reparti comme il était arrivé, par une porte dérobée. C'est l'avènement d'une démocratie sociale directe avec un mouvement social intégralement désintermédié. La contribution du capitalisme numérique au populisme tient aussi à cette euthanasie, non pas des rentiers, mais des intermédiaires, toujours vus comme des parasites.

En lieu et place des syndicats traditionnels, le mouvement s'est ainsi noué autour de porte-voix autrement plus modernes et puissants : les réseaux « sociaux », qui portaient en l'occurrence bien leur nom. Ce sont ces derniers qui, par la magie des algorithmes, ont permis la mise en relation de Priscillia Ludosky, instigatrice d'une pétition en ligne contre l'augmentation du prix du carburant bientôt signée par plus d'un million de personnes, et Éric Drouet, un routier au compte Facebook de plus en plus populaire, tout comme Jacline Mouraud, dont la vidéo de soutien à la pétition de la première a enregistré très vite 6 millions de vues. Puis le « QG numérique » de ce premier mouvement social d'une nouvelle ère s'est rapidement constitué autour du groupe Facebook, « Compteur officiel de Gilets jaunes », enregistrant bientôt 2,7 millions d'inscrits, un chiffre à comparer aux 2,4 millions d'abonnés à la page d'Emmanuel Macron[1]. Un chiffre à comparer également au nombre de manifestants physiques : la mobilisation demeura relativement limitée tout au long du mouvement, culminant en novembre à moins de 300 000 personnes, un pic jamais retrouvé par la suite, soit une proportion faible comparée aux différents conflits politiques et sociaux de ces dernières décennies, qu'il s'agisse par exemple de La Manif pour tous ou plus encore des différentes réformes du système des retraites qui, dans les années 2000-2010, avaient mis dans la rue deux à quatre fois plus de monde.

La radicalisation tient également à cette « numérisation » du conflit, la hiérarchisation des informations partagées sur les réseaux sociaux étant liée aux interactions qu'elles suscitent : à ce petit jeu, les propos les plus outranciers et les plus agressifs étant ceux qui génèrent le plus de réactions, ce sont également les plus visibles, entretenant une spirale d'agressivité à laquelle la rue put aussi servir d'exutoire. Ces démonstrations de violence

1. Roman Bornstein, « En immersion numérique avec les "gilets jaunes" », *Note de la Fondation Jean-Jaurès*, janvier 2019.

répétées, à l'effet sur l'opinion amplifié par les caisses de résonance des chaînes d'information en continu, n'ont en rien, ou presque, altéré le soutien populaire au mouvement, demeuré largement majoritaire pendant plus de cinq mois. Si la radicalité et la violence ont été largement rejetées, elles ont néanmoins profité d'un surcroît de légitimation mesuré dans les enquêtes, comme si la fin justifiait les moyens, en réponse précisément à cette invisibilisation sociale subie depuis longtemps et à la source d'un sentiment d'humiliation.

Ces actes de violence ont notamment visé les représentants politiques. Le député de la majorité Bruno Questel se souvient encore de cette nuit de décembre 2018, quand des coups de feu ont retenti à proximité de son domicile, le réveillant en pleine nuit avec sa famille. Autre avertissement visant personnellement un membre du gouvernement, avec un rassemblement nocturne sous les fenêtres de la ministre déléguée Marlène Schiappa. C'est aussi la tentative d'incendie volontaire qui a visé la résidence bretonne de Richard Ferrand, le président de l'Assemblée nationale. Un pas est franchi. Car jusqu'ici, les manifestants, quand ils exprimaient leur colère localement, taguaient ou muraient les permanences parlementaires. Un mouvement incontrôlable et sans limite, qui a même mis en fuite le porte-parole du gouvernement. Parti se mettre en sécurité quand le portail de son ministère fut enfoncé justement par l'instrument des caristes : un chariot élévateur. Mais les journalistes eux-mêmes ont aussi été régulièrement pris pour cible, subissant la même défiance de la part de manifestants rejetant les médias traditionnels, ne jurant que par Russia Today ou les réseaux sociaux pour s'informer « en toute indépendance », jusqu'à croire au chiffre de 3 millions de manifestants (soit dix fois plus que la réalité comptabilisée) partagé sur Internet pour rétablir les fake news répandues par des médias supposés à la solde de Macron.

C'est comme si le fait de crier et de frapper fort avait permis de compenser, un peu, le déficit d'écoute et de considération ainsi que la frustration et la violence qui leur étaient associées. Il n'est pas anodin d'observer l'empathie globalement suscitée par ce mouvement ainsi que la relative indulgence face aux faits de violence auxquels il a pu donner lieu : émanant du « bon » peuple, mû par une légitime colère, les écarts de comportement observés n'ont pas subi les condamnations habituellement entendues, s'agissant de « hordes » de jeunes « barbares » censés personnifier l'« ensauvagement de la société ». Les mêmes, qui contestent dans tel cas la réalité des violences policières, n'ont eu de cesse de les dénoncer lorsqu'elles visaient la France des ronds-points. Un deux poids deux mesures qui nous ramène à la distinction, très en vogue au XIXe siècle, du « bon » peuple – célébré par Éric Zemmour pour la justesse de son combat – et de celui qui le serait moins – comme les mineurs étrangers isolés, « violeurs en puissance » dénoncés par le journaliste-polémiste.

Le jaune-brun, entre dégoût des élites et complotisme

Que l'on prenne pour base la présidentielle de 2017 ou les européennes de 2019, la dimension populiste du mouvement se déchiffre aussi à travers les solidarités partisanes : les premiers soutiens, et de loin, se retrouvent chez les électeurs de Marine Le Pen, suivis à nette distance et à égalité de ceux de Jean-Luc Mélenchon – à touche-touche même avec ceux de François Fillon – et des abstentionnistes. Même si les dérapages ont été rares – à l'exception de quelques « quenelles » ou insultes à caractère raciste proférées –, les sympathisants du mouvement s'avèrent en matière de « libéralisme culturel » peu tolérants, manifestant notamment vis-à-vis de l'islam et de l'immigration un rejet significativement plus marqué que la moyenne. Dans une note de la Fondation Jean-Jaurès, Roman Bornstein a d'ailleurs permis de révéler les sympathies de certains leaders, comme Maxime Nicolle ou encore Éric Drouet – pour lequel Jean-Luc Mélenchon avait confessé sa « fascination » –, dont les publications sur les réseaux sociaux n'étaient pas sans relents complotistes et antisémites, en même temps que complaisantes avec Marine Le Pen.

On ne sera donc pas surpris que ce soutien aux Gilets jaunes soit corrélé avec un niveau particulièrement bas de confiance politique, souligné par Bruno Cautrès dans une note du CEVIPOF de janvier 2019, intitulée « La défiance a mis son gilet jaune » : « La défiance politique atteint un seuil d'alerte critique [...] Plusieurs de nos indicateurs n'ont jamais été aussi préoccupants pour l'état de la démocratie en France », pointant un « choc de défiance » inédit vis-à-vis des responsables politiques, dont les deux premiers sentiments qu'ils inspirent, alors en forte hausse, sont la méfiance et le dégoût. La méfiance à l'égard des institutions s'emboîte dans une défiance généralisée qui crée une porosité appuyée avec les thèses complotistes, auxquelles les Gilets jaunes adhèrent en moyenne deux fois plus que le reste de la population, s'agissant par exemple d'un complot sioniste mondial – auquel croient 44 % des Gilets jaunes – ou de la théorie du « grand remplacement », crue à 46 %. En outre, un Gilet jaune sur deux n'a pas adhéré à la version officielle de l'attentat survenu à Strasbourg le 11 décembre 2018, en plein conflit, un quart des sondés y voyant même une manipulation du gouvernement pour casser le mouvement en cours.

Cette porosité entre la mouvance Gilets jaunes et les partis populistes – de Marine Le Pen à Jean-Luc Mélenchon en passant par Nicolas Dupont-Aignan, François Asselineau, Florian Philippot – surprend d'autant moins quand on se souvient que les leaders du RN et de LFI ont joué de surenchère pour se réjouir de la dynamique du mouvement, y voyant l'un et l'autre la confirmation de leurs analyses et de leurs critiques du pouvoir présidentiel, et se réjouissant de voir les braises sur lesquelles ils avaient soufflé devenir un puissant foyer d'incendie.

Le lundi 3 décembre, en fin de journée, au surlendemain d'un « acte 3 » particulièrement violent à Paris, où l'on a vu pour la première fois depuis bien longtemps des scènes d'insurrection dans le cœur de la capitale, le chef du gouvernement consulte à Matignon les dirigeants des principales forces politiques du pays. L'heure est lourde. L'exécutif doit trouver très rapidement une façon de faire baisser la tension alors que se profile une nouvelle journée de mobilisation. En sortant de son entretien avec Édouard Philippe, l'heure est loin d'être à l'union nationale pour Marine Le Pen et Jean-Luc Mélenchon. La première appelant Emmanuel Macron à dissoudre l'Assemblée nationale après avoir supprimé toutes les taxes. Pour le second, l'issue de la crise passe aussi par un retour des Français aux urnes. « À long terme, on pense qu'une sortie par le haut ne peut se faire sans la convocation d'une Constituante : c'est ce qui est demandé partout sur les ronds-points », dit-on dans les rangs de LFI. L'une et l'autre disent avoir senti monter ce soulèvement. Les deux sont persuadés, avec leurs propositions, de répondre aux attentes de ces Français en colère. Mais sans plus de succès que cela.

Les scores enregistrés par ces derniers aux élections européennes suivantes montrent qu'ils n'ont que peu voire pas su capitaliser sur cette flambée de colère. Si le RN a légèrement devancé LREM finalement, son résultat est demeuré inférieur à celui obtenu cinq ans plus tôt. Le mouvement a certes permis à Marine Le Pen de se remettre en selle en regagnant le terrain perdu depuis la présidentielle, mais il ne lui a pas permis, comme on aurait pu l'anticiper, de percer le plafond de verre qui cantonne jusqu'ici son parti. Second paradoxe, alors que ce mouvement s'est progressivement structuré autour de revendications relevant davantage du corpus idéologique de La France insoumise que de l'extrême droite – pouvoir d'achat, défense des services publics, approfondissement démocratique –, le parti de Jean-Luc Mélenchon a retrouvé son étiage le plus bas, à peine au-dessus de 6 %, soit un score trois fois moins élevé que deux ans auparavant à la présidentielle. « La République, c'est moi » est un dérapage qui s'est payé au prix fort, marquant une pente apparemment très difficile à remonter.

« Insoumis », ce mouvement des Gilets jaunes l'est donc demeuré vis-à-vis des mouvements politiques dont il aurait pu se revendiquer, dans une sorte de fuite en avant nihiliste. Les leaders de cette mobilisation tentés par l'aventure électorale en ont eux-mêmes d'ailleurs fait les frais, sommés de se rétracter par une masse contestant chaque tête d'affiche autoproclamée. Un mouvement populiste tellement hostile aux élites et au principe de représentation qu'il s'est toujours refusé à se donner des porte-parole et des mandants pour négocier une plate-forme de revendications. Et qui s'est d'ailleurs tout autant refusé à prendre part au grand débat national, impulsé par le pouvoir pour sortir de cette contestation. Comme si la démocratie participative était insincère dès lors qu'elle est impulsée par des gouvernants conspués. Si Emmanuel Macron y a retrouvé une vraie dose d'oxygène politique, confirmée par la remontée de sa cote de popularité, le peuple en colère a boycotté l'espace de parole qui lui était offert : parmi les deux millions de personnes ayant contribué à ce grand débat, partout sur le territoire, ce sont les représentants de la « France qui va bien », diplômée, retraitée, urbaine, aisée et apaisée qui se sont surtout mobilisés. Ce ne sont donc pas les mêmes France qui ont soulevé le débat et y ont participé. Un hiatus qui pourrait produire un effet boomerang non négligeable lorsque la séquence de la gestion de la pandémie sera réellement dépassée.

Le populisme sanitaire : quand le Covid booste le virus du populisme

La pandémie aura fonctionné, en tout domaine ou presque, comme un accélérateur de particules, venant percuter nos économies, notre organisation sociale, nos vies intimes et nos certitudes profondes. Un metteur en scène n'aurait pas trouvé meilleur décor pour un block-buster à sensations. Un politiste non plus. Car, s'agissant de populisme, la séquence a joué comme un concentré chimiquement instable, réunissant les ingrédients les plus explosifs. Parmi ceux-ci, la dramaturgie de l'événement d'abord, d'une portée mondiale, confrontant l'humanité tout entière au retour de l'Histoire. Une menace surgie brutalement de nulle part : d'un marché reculé de Chine ou échappé d'un laboratoire, peu importe, exotisme et fantasmagorie font ici bon ménage pour donner un visage rajeuni au vieux « péril jaune ». La peur comme émotion dominante face à ce danger qui n'est pas sans visage puisqu'il peut prendre celui de tout un chacun : la crainte du virus devient ainsi la crainte de l'autre, porteur potentiel, parfois même de façon invisible. Des émotions et des esprits en surchauffe, disponibles pour toutes les expériences : se soumettre, à travers un confinement strict de plusieurs semaines, à une amputation de liberté inédite ; succomber à une fascination expresse pour un médecin marseillais aux allures de gourou ; refuser la proximité de ses voisins négligents ou exerçant une profession de santé en allant parfois jusqu'à les dénoncer ; suspecter les pouvoirs publics d'opacité et de mensonges, de complicité avec l'industrie pharmaceutique voire de visées dissimulées au profit d'un *great reset* ; se mobiliser derrière les bannières des antimasques et antivax en signe de protestation contre la grande manipulation en train de s'orchestrer... Voilà, au-delà des fièvres et des difficultés respiratoires, quelques-uns des symptômes dominants de ce Covid.

« Injecter un désinfectant dans le corps, ça me paraît très intéressant » (Donald Trump) : le temps des « présidents médecins »

En matière de populisme sanitaire, rendons d'abord à Donald à ce qui revient à Donald : qui a oublié les bons conseils du professeur Trump, doutant de l'utilité du masque mais suggérant l'ingestion de gel hydroalcoolique ? Sûr de son bon sens, il n'a pas hésité à considérer qu'un produit aussi efficace en usage externe ne pouvait qu'avoir des effets encore plus miraculeux en circulant directement dans l'organisme. *Idem* de l'eau de Javel. Sans parler des UV, chaudement recommandés par un président connaisseur. Donald Trump fut lui-même obligé de faire publiquement machine arrière après que des personnes eurent été admises aux urgences pour avoir imprudemment suivi sa prescription. Pas très loin d'un film de Mel Brooks ou des Zucker-Abrahams. On se souvient d'ailleurs des mines consternées de ses conseillers à la santé lors de conférences de presse où l'on voyait bien que le reproche fait au président Macron de s'en remettre aveuglément à un Conseil scientifique ne pouvait être sérieusement formulé à son homologue américain, capable des plus grandes libertés avec la science.

Il est une autre différence entre les deux chefs d'État, de part et d'autre de l'Atlantique : un équilibre institutionnel qui offre des pouvoirs bien supérieurs au président français, *a fortiori* dans une période de crise qui a vu l'état d'urgence s'imposer comme normalité législative, accentuant encore la centralisation du pouvoir. Celui-ci semble s'être déplacé du Conseil des ministres au Conseil de défense et du Parlement au Conseil scientifique. Les avis de celui-ci – qui cessèrent d'ailleurs progressivement d'être rendus publics – et les réunions de celui-là avaient vocation à éclairer la lanterne présidentielle pendant que 68 millions de personnes demeuraient suspendues aux arbitrages jupitériens ; 68 millions de personnes confinées attendant sagement que l'un d'entre eux décide de leur sort sans autre forme de débat public. Comme un symbole, le 24 mars 2021, c'est devant une vingtaine de députés seulement qu'Olivier Véran expose, au nom du gouvernement, la stratégie de l'exécutif pour lutter contre l'épidémie. Le pays fait face à une troisième vague, les variants se multiplient à l'envi et les vaccins peinent à arriver... Mais à quoi bon venir dans l'hémicycle écouter le ministre de la Santé, persiflent les parlementaires, puisque le débat n'est pas suivi d'un vote... Si l'on comprend les difficultés liées à l'urgence et à l'incertitude de la situation, on s'étonne qu'une démocratie moderne n'ait pas eu davantage à cœur de capitaliser sur la pluralité de ses instances et la maturité de son corps social, suscitant un effet boomerang évident : la critique exprimée à l'encontre de l'opacité et de l'arbitraire du pouvoir. En écho à la part réelle de suspense et d'aléatoire à chaque annonce attendue, comme une pièce lancée en l'air : ainsi, fin janvier, lorsque le Président décida, contre toute attente et à rebours des choix faits chez nos voisins frappés identiquement, de ne pas confiner. Un choix d'ailleurs sanctionné depuis par des simulations scientifiques évaluant à 10 000 à 20 000 personnes le surcroît de victimes imputable à cette décision. Un choix arbitraire comme marque d'un régime où le président de la République peut se réserver l'annonce de mesures arbitrées par lui seul – contrairement aux compromis nécessaires entre pouvoir central et pouvoirs locaux dans des États plus décentralisés comme l'Allemagne, l'Italie, la Belgique, l'Espagne, les États-Unis, etc. – et annoncées à la dernière minute dans des grands-messes télévisuelles à l'audience jamais égalée[1]. Ces allocutions étaient très attendues, s'agissant de régler les grands principes de notre organisation collective jusque dans les détails de nos vies

1. 36 millions de téléspectateurs à l'occasion de l'allocution du 13 avril 2020 (chiffres Médiamétrie).

quotidiennes, mais elles ne furent pas pour autant toujours entendues.

Hypercrise et hyperdéfiance : de la concentration des pouvoirs à la concentration des critiques

L'hypercrise a en effet conduit à une hypercentralisation qui s'est payée par une hyperdéfiance. Paradoxe français : l'opinion se montre en attente de leaders dotés d'un pouvoir fort, en oubliant précisément que nos institutions y concourent, sous la Ve République, comme dans aucune autre démocratie. Ainsi le Président est-il chez nous investi de prérogatives dont aucun de ses homologues à l'étranger ne peut se prévaloir. Mais le pouvoir institutionnel n'est pas tout : le pouvoir politique repose par ailleurs, et peut-être même surtout, sur la confiance et l'adhésion de l'opinion sans lesquelles la capacité d'action se trouve sévèrement amputée. Comme si l'excès de pouvoir permis par la Constitution était contrebalancé par un « impuissantement » voulu par l'opinion. Or, comme on pouvait s'y attendre, le virus de la défiance institutionnelle n'a évidemment pas ralenti pendant la pandémie, bien au contraire.

Rappelons d'ailleurs que les situations de crise ont plutôt tendance à fédérer les opinions derrière leurs gouvernants, fût-ce temporairement. Ainsi de Jacques Chirac au moment de la guerre en Irak[1], de Nicolas

1. 70 % de bonnes opinions selon l'institut Ipsos, avril 2003.

Sarkozy en pleine crise financière[1] ou de François Hollande face à la tragédie terroriste[2]. Si Emmanuel Macron a pu, lui aussi, bénéficier d'un « effet Covid », celui-ci est demeuré limité par rapport à ceux dont ses prédécesseurs avaient pu profiter. Mais plus encore par rapport à ses homologues européens : Angela Merkel et Boris Johnson ont ainsi vu leur cote exploser – de 11 points pour la première, de 20 points pour le second[3] –, là où le président français a vu la sienne ne prendre que 4 modestes points le premier mois. Même si Boris Johnson, que ses concitoyens ont vivement critiqué pour sa gestion de la crise, chaotique dès ses débuts, a vu sa popularité dégringoler entre les printemps 2020 et 2021, cette dernière est demeurée au-dessus de celle d'Emmanuel Macron. En France, en effet, l'indicateur global de confiance n'a cessé de s'effriter pendant le premier confinement, passant de 55 % à la mi-mars 2020 à 44 % une semaine plus tard avant de descendre à 30 %[4] au moment du déconfinement de mai.

Surtout, c'est en France que la gestion de la crise sanitaire a été jugée la plus sévèrement : à peine plus d'un tiers d'approbation (37 %), soit 10 points de moins

1. Hausse de 8 points de sa cote de popularité entre janvier et novembre 2008 selon l'institut Ipsos.

2. Hausse de 17 points de sa cote de popularité en novembre 2015 selon l'institut Ipsos.

3. Ces chiffres sont tous issus des travaux du CEVIPOF et notamment de la note de Philippe Guibert, « Les leaders européens à l'épreuve de la pandémie de Covid-19 », *Note de recherche – Le baromètre de la confiance politique (vague 12)*, mars 2021.

4. Jérôme Fourquet, Marie Gariazzo, *En immersion. Enquête sur une société confinée*, Seuil-Fondation Jean-Jaurès, 2020.

qu'en Angleterre, 15 points de moins qu'en Italie et 20 points de moins qu'en Allemagne, avec une focalisation du mécontentement sur les pénuries de masques, de gel et de respirateurs, observées pourtant dans tous les pays durement frappés par le virus. Ainsi le procès en impréparation, en incompétence et en opacité a-t-il été bien plus à charge chez nous que chez nos voisins, avec des taux de mécontentement 2 à 3 fois supérieurs en France. Jugement sans appel : incompétence (38 %), impréparation (32 %), manque de transparence (31 %), irresponsabilité (20 %), tel est le carré gagnant. Les Français sont en revanche plus de 6 sur 10 à approuver les mesures sociales de chômage partiel (63 %) et la politique de soutien aux entreprises (61 %) : c'est mieux et c'est une majorité, mais c'est néanmoins une performance à relativiser, s'agissant d'un interventionnisme public massif, immédiat et, par comparaison internationale, jugé parmi les plus généreux.

Notre système de soins, dont nous avions fait une fierté nationale – au point d'ailleurs de regarder avec une certaine condescendance l'engorgement des hôpitaux italiens début mars 2020 avec la conviction qu'un tel fiasco était impossible chez nous –, a révélé ses insuffisances face à une crise exceptionnelle, comme dans tous les pays submergés par la première vague[1]. Mais avec, en France, un effet bien plus délétère sur

1. On a encore beaucoup vanté le « modèle allemand » en ce cas d'espèce, mais en oubliant un peu vite la germanophobie du Covid, dont la première vague a surtout frappé en Italie, en Espagne, en Belgique et en France, et globalement épargné le territoire allemand.

l'opinion. Jérôme Fourquet a ainsi comparé cette débâcle sanitaire à celle de notre armée en 1940, elle aussi alors considérée comme la meilleure au monde et enfoncée en quelques jours seulement par les lignes ennemies. Comme si le Covid avait ravivé quelque profonde névrose collective et traumatisme historique indigeste.

« La France a peur » (Roger Gicquel) : de la peur de mourir à la peur de l'avenir

La « cartographie des émotions[1] » permet aussi de mesurer le contraste entre la façon dont la France et les autres pays ont vécu la séquence. « La France a peur » : Roger Gicquel l'a dit, le Covid l'a fait. À la faveur de la pandémie, la peur a en effet fait une brutale irruption, plus de 8 Français sur 10 ayant eu la crainte de perdre un proche et plus de 6 Français sur 10 ayant même déclaré avoir eu peur de mourir. Une appréhension qui a largement pu ensuite être entretenue par les médias, qui ont tous connu des audiences records. Ainsi, notamment, des chaînes d'information en continu qui ont consacré 75 % de leur temps d'antenne au coronavirus – soit treize heures trente minutes par jour et par chaîne –, avec une audience multipliée par deux ; mais cette saturation de l'espace médiatique a concerné tous les supports. Ce sentiment de peur est venu s'accoler à la morosité, à la lassitude et à la méfiance, dans un quarté on ne peut

1. Jérôme Fourquet, Marie Gariazzo, *En immersion. Enquête sur une société confinée*, *op. cit.*

moins souriant. Bien sûr, la peur a gagné partout. En Allemagne aussi, par exemple, elle a progressé mais en demeurant derrière les trois autres sentiments dominants, d'une tout autre tonalité : la sérénité et le bien-être, nettement en tête, suivis par la confiance. De part et d'autre du Rhin donc, deux salles, deux ambiances.

Défiance pour le présent, pessimisme pour l'avenir. C'est en prime le combo français. Une vaste étude menée par l'Ipsos à l'automne 2020 pour estimer les perspectives post-Covid dans une trentaine de pays voit la France confirmer sa place de nation la plus pessimiste. La France est alors le seul des pays étudiés où la proportion de personnes pensant qu'un vaccin efficace va être développé est minoritaire – à 48 %, soit 20 points de moins que la moyenne des pays concernés. On pourrait presque saluer Sanofi de s'être harmonieusement mis au diapason de l'opinion. N'en déplaise au pessimisme gaulois, ledit vaccin ne mettra pourtant que quelques petites semaines à arriver. *Idem* concernant un retour à la normale une fois l'épidémie maîtrisée : seuls 16 % des Français y croyaient alors, contre 41 % pour la moyenne des pays. Derniers du classement encore, les Français, pour ce qui est des perspectives économiques, jugées plus favorables en 2021 qu'en 2020 par seulement 31 % des sondés, soit 23 points de moins que la moyenne. Derniers enfin pour ce qui est du « monde d'après » que seuls 9 % des Français imaginent alors meilleur, soit 3 fois moins que la moyenne des pays recensés. Avant le Covid, on pensait que le moral des Français était au « bas fixe » ; il y avait encore une marge de dégradation significative que le Covid est venu combler.

« Je suis une star des maladies infectieuses, c'est moi l'élite » (Didier Raoult) : le temps des « médecins présidents »

S'il y a donc un déclinisme spécifiquement français, encore accentué par la crise sanitaire, il y a aussi une schizophrénie française. La capacité dans le même temps à voir l'horizon obscurci et à avoir des lumières dans les yeux devant le premier marchand d'illusion. *A fortiori* s'il porte une blouse blanche, affiche un pedigree académique de première catégorie et dézingue bruyamment la stratégie gouvernementale. L'impopularité d'un gouvernement est un formidable levier de popularité pour celui qui décide de faire de ce dernier sa cible privilégiée. Didier Raoult l'a manifestement très bien compris. « Star » de l'infectiologie en rupture avec les élites médicales parisiennes, il se fait rapidement un nom quand éclate l'épidémie. D'abord en annonçant son départ du Conseil scientifique aussitôt celui-ci constitué pour en souligner immédiatement l'inutilité et l'inanité. Puis en contester systématiquement les analyses, pointant du doigt l'aveuglement des experts entre lâcheté et incompétence. Ses interprétations gagnent en écho à mesure qu'elles prennent le contre-pied des discours officiels et qu'elles subissent les contestations de ses pairs. Comme cette animation phare de fête foraine, plus on lui tape dessus, plus il monte. Il devient le chef du camp des « rassuristes », ironisant sur l'affolement irrationnel qu'une telle grippette suscite chez les décideurs, renvoyant implicitement ces derniers à une forme de couardise associée à leur état. La surmortalité liée au virus ? Carabistouilles.

La possibilité d'une deuxième vague ? Un mirage, qu'il dénonce avec des mots crus. Les laboratoires ? « Sous influence », forcément. Les chercheurs de l'Institut Pasteur ? Des « blaireaux dans leur terrier ». Le Conseil scientifique est qualifié de « faillite totale », les épidémiologistes qui rendent public des modèles projectifs sur l'évolution de l'épidémie, de « fous ».

Aux yeux du professeur, les politiques qui sont aux commandes ne comprennent rien à la situation et les journalistes qui traitent de cette actualité sanitaire, qui n'aurait rien d'extraordinaire au regard de l'histoire médicale, ne valent pas mieux. Cet air de « tous des bons à rien », formule cousine du « tous pourris », s'entend à chacune de ses interventions diffusées sur YouTube, outil grâce auquel il bâtit son succès. En mai 2021, il compte ainsi plus de 400 000 abonnés, et certaines de ses vidéos ont été vues plus de deux millions de fois. Même chose sur les réseaux sociaux, où les comptes Facebook le soutenant ont pu cumuler plusieurs centaines de milliers de membres. Des outils puissants pour toucher directement, et sans filtre, les Français. Le professeur Raoult le sait parfaitement bien : « Quand je fais une vidéo, j'ai trois fois le tirage du *Monde* », fanfaronne-t-il sans se forcer. « On s'en fout de vous. Maintenant, on dit les choses nous-mêmes », explique-t-il, très sérieusement, à l'occasion d'un entretien à des journalistes de *L'Express*, le 16 mai 2020. Une posture et des déclarations qui n'empêchent pas une reconnaissance venue des sommets : alors que l'épidémie flambe sur une partie du territoire, que la France est sous strict confinement, Emmanuel Macron fait le déplacement à

Marseille, le 9 avril, pour s'entretenir avec Didier Raoult. Une visite présidentielle symbolique, que l'intéressé semble considérer à la hauteur de la « star » qu'il revendique d'être. Il se vantera d'ailleurs, dans le récit qu'il fera lui-même de la séquence, d'avoir installé le Président sur une simple chaise le temps de lui prodiguer un petit cours d'infectiologie, depuis son fauteuil en cuir de mandarin. À l'Institut hospitalo-universitaire Méditerranée, on l'aura compris, le Président, c'est lui.

La France du professeur Raoult : de l'hydroxychloroquine au complot sioniste mondial

Les forces antisystèmes peuvent ainsi opérer en tout domaine, contestant les autorités légitimes, moquant les bureaucraties tatillonnes, surjouant le fossé entre les élites frileuses et l'intelligence du terrain. Avec toujours les mêmes ficelles : un contempteur du système issu lui-même du système, prétendument seul contre tous, porteur d'une solution alors que personne n'en entrevoit : en l'occurrence l'hydroxychloroquine, présentée comme la nouvelle potion magique d'un peuple de Gaulois réfractaires. Rien à voir avec le pastis que Philippe de Villiers avouera s'être autoadministré pour se soigner, malgré la distance entre le Puy-du-Fou et Marseille. Ajoutez-y, pour le professeur Raoult, un charisme tout en arrogance, un look de rock star christique en blouse blanche et la certitude martelée jusqu'à l'aveuglement que la pandémie est davantage l'expression d'une panique parisienne que d'un dangereux virus, et le résultat est là : au printemps 2020, les Français se sont laissés aller à aduler ce gourou marseillais et vouloir suivre ses préconisations plutôt que celles du Conseil scientifique. Un sondage Louis Harris Interactive de mai 2020 le gratifie de 52 % de bonnes opinions, lui manifestant une confiance supérieure à celle accordée au Conseil scientifique et se disant prêts, à 40 %, à se soigner à l'hydroxychloroquine. Régionalisme oblige, dans un derby opposant Marseille à Paris, le soutien enregistré est encore plus fort en région PACA où une majorité de la population est prête à s'en remettre à son traitement miracle, comme Renaud Muselier et Christian Estrosi en ont fait la promotion publiquement. Un sondage YouGov publié simultanément confirme que 30 % des Français lui font davantage confiance qu'au ministre de la Santé lui-même, alors que l'inverse n'est vrai que pour 20 % des interrogés.

La popularité subite d'une personnalité inconnue quelques semaines plus tôt a naturellement pour ressort l'impopularité de ceux auxquels il affirme son opposition symbolique. La défiance des pouvoirs – politique, scientifique, médiatique – est l'envers de la confiance accordée à l'épidémiologiste, qui les dénonce tous avec plus ou moins de virulence. La France du professeur Raoult à laquelle Antoine Bristielle[1] a consacré une note publiée par la Fondation Jean-Jaurès est bien celle-ci : seuls 7 % de ses soutiens ont confiance dans les informations

1. Antoine Bristielle, « Enquête chez les soutiens du professeur Raoult », *Note de la Fondation Jean-Jaurès*, juillet 2020.

présentées à la télévision – soit 4 fois moins que la moyenne des Français – et 96 % pensent que, sur de nombreux sujets, les médias cachent des choses au grand public. De façon cohérente, les soutiens du professeur Raoult se retrouvent dans les différents items qui permettent de mesurer l'adhésion aux thèses populistes, avec des scores toujours supérieurs de 10 à 20 % comparés à la moyenne des Français : ainsi par exemple sont-ils 83 % (*vs* 68 %) à penser que les différences entre le peuple et les élites sont plus importantes que les différences au sein du peuple, 73 % (*vs* 58 %) à penser que les décisions les plus importantes devraient être prises directement par le peuple et non par les responsables politiques, ou 71 % à préférer être représentés par un citoyen ordinaire plutôt que par un responsable politique professionnel. En toute cohérence, ils sont 40 % à considérer qu'une candidature de Jean-Marie Bigard ou Cyril Hanouna à la présidentielle de 2022 serait une bonne chose pour la démocratie. Dit autrement, ce goût pour l'hydroxychloroquine est avant tout un dégoût de la politique.

Malgré certains amalgames faits parfois, le profil sociologique des soutiens à la blouse blanche marseillaise ne se confond toutefois pas avec celui des Gilets jaunes : la France raoultienne est plus âgée, plus diplômée, plus aisée, plus proche de la droite classique et un peu moins de l'extrême droite. Ainsi les électeurs de François Fillon arrivent-ils légèrement en tête (20 %), et ceux de Jean-Luc Mélenchon (18 %) et Marine Le Pen (17 %) à quasi-égalité juste derrière. Surprise, le niveau de diplôme et d'éducation ne constitue qu'un modeste rempart face à certaines thèses complotistes, auxquelles ces personnes adhèrent très fortement : s'agissant du pouvoir des Illuminati ou de la collusion entre ministère de la Santé et grands laboratoires pour dissimuler la nocivité des vaccins, le taux d'adhésion est, chez les soutiens du professeur, environ deux fois plus élevé que la moyenne de la population. Autre corrélation observée : croire aux vertus de l'hydroxychloroquine et au complot sioniste mondial – là encore dans une proportion deux fois supérieure à la moyenne des Français –, ça marche ensemble, relevant d'une même capacité d'adhésion à des vérités alternatives.

La convergence des luttes : des antimasques aux « antivax »

De ce point de vue, la sociologie des « antivax » est largement différente. L'émergence de ce courant est relativement récente, avec un renversement de tendance intégral opéré par la France dans les vingt dernières années. Le pays de Pasteur est en effet longtemps resté le meilleur élève parmi les pays développés en matière de vaccination, avant de devenir l'un des plus mauvais. Alors qu'au début des années 2000 encore, 90 % des Français étaient favorables à la vaccination, les épisodes de la grippe H1N1 puis du Médiator sont venus saper cette confiance vaccinale. Si les stocks de vaccins achetés par la ministre d'alors, Roselyne Bachelot, ont permis sa réhabilitation politique récente et son retour au gouvernement, ils avaient à l'époque été vus comme illustrant un défaut de gouvernance face à l'épidémie de grippe – conduisant à une gabegie – et une suspicion de conflit d'intérêts, nombre des experts conseillant la ministre ayant des liens avec l'industrie pharmaceutique. Ces histoires de conflit d'intérêts ouvrant une brèche pour les théories complotistes qui ont depuis lors prospéré. Ce que le scandale du Médiator, qui n'a pourtant rien à voir avec la vaccination, va ensuite encore venir accentuer, répandant l'idée d'un risque associé à l'usage de produits pharmaceutiques, au profit non pas de la santé des populations mais d'abord de la santé financière de Big Pharma. Cette critique vaccinale a d'autant plus de poids que la mémoire des grandes maladies infectieuses, à l'image de la poliomyélite, s'est progressivement estompée. C'est donc dans les pays sanitairement moins avancés, qui y sont encore confrontés, que les attitudes vis-à-vis de la vaccination sont les plus positives, comme en Inde ou en Chine. Résultat, à l'automne 2020, une étude de la Fondation Jean-Jaurès[1] a permis de mettre en lumière que 43 % des Français étaient hostiles à la vaccination, soit un score supérieur de 10 à 20 points à ceux observés chez nos voisins, une réticence liée à une suspicion quant à l'efficacité et aux possibles effets secondaires d'un vaccin encore inconnu. Cette réticence est plus affirmée chez les jeunes et chez les femmes, mais tient aussi au niveau de défiance institutionnelle et interpersonnelle, ce qui confirme bien qu'on retrouve les antivaccins d'abord chez les électeurs de Marine Le

1. Antoine Bristielle, « Vaccins, la piqûre de la défiance », *Note de la Fondation Jean-Jaurès*, novembre 2020.

Pen et de Jean-Luc Mélenchon, avec une vraie polarisation politique, qui tient aux thèses populistes d'une part et complotistes d'autre part. Ce n'est pas un hasard si, parmi celles-ci, pas loin d'1 Français sur 2 croit à la collusion des pouvoirs publics et des laboratoires pharmaceutiques.

Ce sont exactement les mêmes ressorts qui sous-tendent les mouvements antimasques[1], qui ne constituent d'ailleurs en rien une coquetterie française : des mouvements similaires en Angleterre et en Allemagne surtout ont mis en avant des arguments sanitaires et sociétaux pour s'y opposer, invoquant leur faible efficacité – pourtant finalement contestée par aucune autorité médicale, malgré les flottements initiaux des médecins – en même temps que leur aspect liberticide, sorte de « muselière » symbolisant la soumission des populations à la « dictature sanitaire », dont un Florian Philippot par exemple s'est fait l'un des plus vifs dénonciateurs. Du rejet des élites au rejet du masque il ne semble donc y avoir qu'un pas rapide, puisqu'on retrouve au sein de cette population les électeurs des candidats antisystème, avec Marine Le Pen significativement en tête. Non sans une certaine logique stylistique, ceux qui n'aiment pas le masque FFP2 n'aiment pas non plus le voile des musulmans. Autre effet de logique, politique cette fois, les antimasques sont, comme les « antivax », eux aussi très sensibles aux théories conspirationnistes, avec un taux d'adhésion deux fois supérieur à la moyenne nationale.

1. Antoine Bristielle, « Bas les masques : sociologie des militants anti-masques », *Note de la Fondation Jean-Jaurès*, septembre 2020.

La gestion française de la pandémie révèle ainsi un niveau de méfiance et de pessimisme qui préexistait à la crise mais a été amplifié par cette dernière, et qui constitue bel et bien une exception française. À cette aune, la promesse de professionnalisme et d'efficacité dans l'action publique inhérente au macronisme et centrale dans la campagne de 2017 peut sembler d'ores et déjà déçue aux yeux de l'opinion. De même que le camp des « mondialistes » se trouve affaibli mécaniquement par une pandémie qui a réhabilité, temporairement au moins, la notion de frontière. Marine Le Pen a, de ce point de vue, mené la danse, réclamant dès l'origine la fermeture des frontières alors que le président de la République, en février 2020, balayait cette proposition d'un revers de main, assurant que « le virus ne connaît pas les limites administratives ». La plupart des pays se rallient finalement tôt ou tard à cette solution. Résultat, entre février et avril 2020, au cœur de nos vies confinées, la proportion de personnes estimant que la France devait se protéger davantage du monde extérieur a fait un bon de 10 points, de 54 à 64 %, dans un mouvement de fermeture nourri par la peur mais plus encore par la colère.

L'avenir est sensiblement plus incertain que le passé, *a fortiori* face aux conséquences économiques et sociales de cette crise sanitaire dont il est aujourd'hui très difficile d'apprécier l'ampleur. Des amortisseurs sociaux et des plans de relance massifs ont été déployés dans la plupart des pays développés, à une échelle jamais connue. Cela suffira-t-il à orchestrer une relance, qui veut se donner les atours d'une transition ? Ou une explosion de la pauvreté est-elle à craindre, y compris en déclenchant de nouveaux flux migratoires ? Autant d'incertitudes qui alimentent bien des inquiétudes. Et de possibles turpitudes.

II

LA FABRIQUE DE L'OPINION

Ces intellectuels, nouveaux « chiens de garde » du populisme ?

Jeunes matelots ou vieux loups de mer, ils ont en commun cette facilité à sentir le vent et se laisser porter. Leur plan d'eau est celui du débat d'idées. Même quand la mer est agitée, ils excellent à la barre, négociant aisément le passage de chacune des bouées : laïcité, sécurité, immigration, religion... Fiers de leurs couleurs, ils sont sur le pont pour empêcher le naufrage du « navire » France. Et s'ils n'ont pas forcément le même port d'attache au départ, il n'est pas rare de les retrouver finalement amarrés au même ponton d'arrivée. Ces intellectuels sont les nouveaux « chiens de garde » du populisme.

Confusionite aiguë

En septembre 2020, dans un certain anonymat, la revue *Le Débat* cesse de paraître. Lancée à l'origine pour être le lieu des controverses apaisées de l'âge démocratique, la publication de la maison Gallimard est victime de « la résurgence des radicalités au sein de notre société », constate l'un des deux fondateurs, Marcel Gauchet. Des lecteurs-zappeurs de moins en moins nombreux. Et des contributeurs, moins tournés vers le temps long et profond de l'explication. L'ère est aux penseurs-clasheurs adeptes des formules polémiques et des idées souvent réactionnaires.

Ces néo-idéologues ont délaissé le champ de la lutte sociale pour questionner certains thèmes de société plus en phase avec les attentes et l'opinion des Français. L'historien, aujourd'hui décédé, Daniel Lindenberg, les qualifie de « nébuleuse disparate, rassemblant des hommes venus d'horizons divers », mais qui seraient selon lui passés « de Trotski à Carl Schmitt[1] ». Dans son essai, l'auteur explore la transformation du débat d'idées de la gauche française, réputée être réformiste, moderne, et qui n'envisage pas sa refondation sans une redéfinition de ses frontières. Une mutation opérée en plusieurs étapes : la révolution néolibérale dans les années 80, suivie par la chute du mur de Berlin et, pour finir, le temps de l'idéologie nationale-républicaine, construite dans les années 2000. Quand ils s'expriment, ils rechignent à encenser la modernité sous toutes ses formes, du mariage pour tous à la mondialisation heureuse, et diffusent une morosité aux relents conservateurs. Ils ne font pas de Mai 68 un Graal de l'émancipation humaine, mais un symbole de l'affaissement de notre civilisation. Une pensée de droite avec un langage de gauche, ou une pensée de gauche qui aurait doucement mais sûrement dérivé.

1. Daniel Lindenberg, *Le Rappel à l'ordre : enquête sur les nouveaux réactionnaires*, Seuil, 2002.

Philippe Corcuff s'emploie, dans son livre[1] aux multiples références, à percer le « brouillard confusionniste » au moment où la frontière entre la gauche et la droite est remise en question. Il présente, dans le détail, un panorama des idées politiques françaises et une cartographie des débats idéologiques actuels. L'universitaire propose une analyse des discours qui révèle des passerelles rhétoriques dans une situation d'effritement du clivage partisan et de l'association critique sociale-émancipation. Dans cette famille d'intellectuels, les têtes d'affiche sont connues, embrassant un spectre au départ très large, de Zemmour à Onfray. Mais à la fin, on se demande ce qui sépare en réalité ces deux-là, qui caracolent en tête des ventes de livres ou de l'audimat, venus de la droite extrême et de la gauche radicale dans une sorte de convergence finale. Avec un moindre impact mais en ayant su s'immiscer dans le débat et y prendre une part substantielle, d'autres figures venues de la gauche ont pu contribuer à l'épaississement du brouillard. C'est notamment le cas de Christophe Guilluy, qualifié de « populaire embrouillé ». Ce géographe controversé, venu de la gauche, a fait polémique avec son livre *Fractures françaises,* sorti en 2010 (Bourin Éditeur). Un ouvrage au succès retentissant qui a largement inspiré les candidats de droite à la présidentielle de 2012. L'ouvrage tente de démontrer que l'attention de plus en plus grande pour les banlieues et les minorités va de pair avec une indifférence croissante pour la classe ouvrière et les couches populaires qui résident dans des espaces périurbains et

1. *La Grande Confusion. Comment l'extrême droite gagne la bataille des idées*, Textuel, 2021.

ruraux. Un « récit mélancolique », jugent les détracteurs du géographe, qui ne s'en offusque pas pour autant et qui publie, en 2014, *La France périphérique* (Flammarion), essai décrivant un pays qui oscille entre relégation de certaines catégories de la population et séparatisme. Avec un profil académique davantage reconnu que celui de ce dernier, on peut aussi citer, comme nous invite Philippe Corcuff, Laurent Bouvet. Ce professeur de sciences politiques passé par le Parti socialiste a contribué à donner un puissant écho au concept d'« insécurité culturelle ». Dans cette veine, ses positions présentes lui valent d'être aujourd'hui taxé d'« entrepreneur identitaire » et de pilier du courant de la gauche nationale-républicaine. De ce point de vue, une filiation peut s'observer avec la figure médiatique de ce club : Alain Finkelkraut, professeur d'histoire des idées et de philosophie, élu à l'Académie française en 2014. D'abord engagé à gauche, il a ensuite évolué vers des formes de conservatisme de plus en plus accentuées. Pour illustrer sa thèse d'une dérive notable, Philippe Corcuff analyse deux livres du philosophe : *La Sagesse de l'amour* publié en 1983 chez Gallimard, et *L'Identité malheureuse*, de 2013, chez Stock. Le premier invite le lecteur à « penser l'homme hors de la totalité », « non consigné dans son appartenance ». Il s'agit de s'émanciper des enfermements identitaires. L'approche du second ouvrage est tout autre. « L'identité nationale » est affichée comme un concept « essentialisant » placée du côté du « politiquement correct », contre le supposé « politiquement incorrect » du « multiculturalisme » et du « cosmopolitisme » qui tendent à transformer la France en « auberge espagnole ». « L'appartenance » et « l'enracinement » sont valorisés.

Alain Finkielkraut tente de trouver une troisième voie qui vient puiser ses fondements dans l'identitarisme.

Éric Zemmour, éditorialiste (multi)récidiviste

Un petit goût de revanche. Quand Éric Zemmour arrive ce 14 octobre 2019 en plateau à CNEWS, pour la première de l'émission « Face à l'Info », le polémiste ne cache pas son plaisir. Banni de cette même chaîne d'information cinq ans auparavant, après des déclarations sur la communauté musulmane, il récidive, en revenant par la grande porte. Avec une émission à sa mesure, et un écho national. Une revanche personnelle et une victoire pour le courant de pensée qu'il représente. Le journaliste, depuis quelques années maintenant, est la figure médiatique et intellectuelle de tous ceux qui se sont faits les contempteurs du politiquement correct. La voix de ces Français qui seraient contraints au silence par le système médiatique. Le temps de la reconquête a sonné et, hasard du calendrier, la collaboration exclusive entre CNEWS et Éric Zemmour est officialisée après un ultime recours judiciaire du journaliste. Le polémiste vient tout juste d'être définitivement condamné (Cour de cassation, chambre criminelle, 19 septembre 2019), après le rejet de son pourvoi en cassation, à 3 000 euros d'amende, pour provocation à la haine religieuse en raison de ses propos antimusulmans tenus en 2016 dans l'émission « C à vous » sur France 5. En plateau, l'auteur du *Destin français* estime qu'il faut donner aux musulmans « le choix entre l'Islam et la France » et que la France vit « depuis trente ans une invasion », avec dans certaines banlieues où de nombreuses jeunes filles sont voilées une « lutte pour islamiser un territoire [...] un djihad ».

Un discours que l'historien de l'immigration Gérard Noiriel rapproche des imprécations antisémites d'Édouard Drumont : la haine d'un peuple et la crainte d'une religion. Dans son ouvrage, *Le Venin dans la plume*[1], il compare les techniques rhétoriques des deux hommes et souligne leurs similarités : « Dans leurs discours, la France est présentée comme une personne possédant une identité immuable, cimentée par la religion catholique ; ce qui explique que l'étranger soit défini lui aussi par référence à la religion. »

La religion et l'immigration, deux thèmes régulièrement traités dans l'émission de la chaîne d'information. Mais aussi l'Europe et la place du continent dans le monde. La sécurité, la république, la souveraineté. Si les sujets abordés pendant près d'une heure avec les chroniqueurs sont censés faire écho à l'actualité du moment, leur priorisation entretient l'idée que rien, ou peu de chose, ne semble aller dans la France de 2021. Un pays en proie à la décadence, soumis à la tyrannie des minorités, à la violence de quelques-uns, « toujours les mêmes »... « C'était tellement mieux avant », assène-t-il quotidiennement. Sauf les audiences, au beau fixe alors que s'achève la deuxième saison du programme. La courbe s'envole. Certains soirs, ce sont plus d'un million de téléspectateurs qui se retrouvent pour écouter Éric Zemmour, permettant à la chaîne d'être

1. Paru aux éditions La Découverte, 2019.

incontestablement numéro un sur son créneau horaire. Mieux, le polémiste n'a pas fait fuir les annonceurs qui se pressent pour diffuser des spots de publicité quelques minutes avant l'antenne. Les polémiques liées à l'émission sont pourtant régulières mais, « *business is business* ».

Le 17 mars 2021, le Conseil supérieur de l'audiovisuel prononce une sanction de 200 000 euros à l'encontre de la chaîne. Une première. Face aux « propos encourageant des comportements discriminatoires et incitant à la haine », l'instance de contrôle et de régulation estime dans son avis rendu public que les limites à la liberté de communication et à la liberté éditoriale des médias audiovisuels ont été franchies par Éric Zemmour, le 29 septembre 2020. Interrogé ce jour-là au sujet des mineurs étrangers non accompagnés, le journaliste avait jugé qu'« ils n'ont rien à faire ici. Ils sont voleurs, ils sont assassins, ils sont violeurs, c'est tout ce qu'ils sont. Il faut les renvoyer ». Après l'annonce de cette sanction, CNEWS a fait savoir qu'elle étudiait les voies de recours possibles. Éric Zemmour, lui, ne dit rien. Ne verrait-il pas, finalement, plus de bons côtés que de conséquences négatives dans cette nouvelle affaire judiciaire qui touche à la liberté d'opinion ? Quelle qu'en soit l'issue, ces procédures ne sont-elles pas, pour le journaliste, autant de preuves de son combat contre la décadence qui mine la France ? Confortant sa stature d'homme en résistance sur tous les fronts, et depuis longtemps maintenant.

Car avant d'être une locomotive à audience à la télévision, c'est dans le secteur de l'édition qu'il fait recette. La reconnaissance du public vient en 2014, avec *Le Suicide français* (Albin Michel), un récit sur le déclin des quarante années qui viennent de s'écouler. 450 000 ventes. En 2018, chez le même éditeur, il creuse le sillon avec *Destin français*, une analyse de l'identité du pays. Sans reproduire le carton du premier – les lecteurs sont quatre fois moins nombreux cette fois –, le second opus se classe parmi les meilleures ventes, confirmant la présence d'un noyau de fidèles convaincus par les thèses affirmées. Que celui qui dénonce les ennemis de la République et l'abaissement de la France n'en respecte pas les lois, condamné à plusieurs reprises par une justice dont il déplore par ailleurs le laxisme, ne semble pas émouvoir son public. Avec la médiatisation quotidienne de ses interventions, Éric Zemmour peut ainsi nourrir de solides ambitions pour son troisième essai, qu'il programme habilement pour une sortie au moment du véritable lancement de la campagne électorale, en septembre 2021... En attendant, rêvent certains de ses soutiens, qu'il ne s'attelle à une autre rédaction : celle d'un projet politique.

Michel Onfray, du Front populaire au Front populiste

S'il est d'abord un intellectuel de renom, Michel Onfray est surtout un boulimique de l'édition. Dans sa catégorie, rares sont ses homologues capables d'une telle production. Le philosophe a plus d'une centaine de livres à son compteur. Et, le plus souvent, ses écrits sont plébiscités. Son *Traité d'athéologie* (Grasset), sorti en 2005, s'écoule à 300 000 exemplaires. 150 000 lecteurs le suivent dans sa charge controversée contre le fondateur de la psychanalyse Sigmund Freud (*Le Crépuscule d'une idole*, Grasset, 2010). Pour *L'Ordre libertaire* (Flammarion), Michel Onfray figure aussi dans le palmarès des livres de l'année 2012 de l'hebdomadaire *Le Point*. Et quand l'auteur dénonce, à chaud et alors que la France entre dans une deuxième vague épidémique en septembre 2020, la gestion de la crise sanitaire par le gouvernement, le succès est immédiat : 10 000 ventes pour *La Vengeance du pangolin* (Robert Laffont), en moins de deux semaines... Dans la catégorie des essais politiques, seul Éric Zemmour semble en mesure de lui contester le leadership. Sur le terrain de la décadence de la France, l'un et l'autre tuent actuellement le match, prenant en tenaille le système intellectuel. Et ne laissant que peu de place pour les autres courants de pensée, la gauche, devant toujours plus s'ancrer dans la radicalité pour sortir du lot – c'est ce qu'a fait par exemple l'auteur et activiste Juan Branco.

Comme Éric Zemmour, Michel Onfray se désole du déclin civilisationnel et de la « guerre civile » qui nous rongent. Une rhétorique et une priorisation des combats intellectuels et politiques qui l'éloignent grandement de la filiation proudhonienne et libertaire qu'il continue pourtant de revendiquer. Pour mener ce combat, c'est sur l'écrit plus que sur les écrans que le philosophe a choisi d'investir. Le 23 juin 2020, sort en kiosque la revue *Front populaire*. Symbole fort sur le titre. Coïncidence sur le calendrier de la publication. Quatre-vingts ans plus tôt, le général de Gaulle lançait son appel à la création d'un « comité national français » pour organiser la résistance face à l'envahisseur. Interrogé d'ailleurs quelques mois plus tard dans *Le Figaro* sur les personnages historiques qui figurent dans son Panthéon, Michel Onfray cite le général de Gaulle « pour tout ce qu'il fit et fut, écrivit et vécut. Personne depuis lui... ». LE héros de la droite cité en référence alors qu'il se lance dans une opération de conquête assumée du pouvoir en faisant émerger des propositions mais aussi un champion pour la présidentielle de 2022. Autre récupération historique douteuse, celle de 1936. Les articles et les tribunes publiés sont pourtant loin du combat militant et ouvrier que traversa la France à cette époque. Pas de combat sur une semaine de congés supplémentaires ou une réduction du temps de travail. Le mensuel a d'abord pour objet de dresser une passerelle entre les souverainistes des deux bords, s'opposant à tous les libéraux de droite et de gauche soumis à la logique de l'État maastrichtien. Avec néanmoins un fort déséquilibre éditorial au profit d'intervenants venus de l'extrême droite – qui doit conduire Léon Blum à se retourner dans sa tombe. Peu surprenant pour un intellectuel qui avait déjà accepté de poser en une de la revue d'extrême droite *Éléments*, d'Alain de Benoist. « Nous voulons contribuer à faire émerger une candidature issue de la société civile. Nous ne voulons plus de ceux qui ont traîné dans les partis [...]. Peu importe la droite et la gauche quand il s'agit de vérité ! », répète celui qui revendique de ne plus voter depuis plusieurs années. Dénonciation conjuguée du « déclin » et du « système », celui-ci étant l'agent de celui-là. Un positionnement populiste assumé qui propose de faire « renaître l'esprit Gilets jaunes des ronds-points ». Au Rassemblement national, les proches de Marine Le Pen se réjouissent de ce rapprochement idéologique qui sert leur cause politique, disent-ils. Marine Le Pen salue d'ailleurs dans un tweet Michel Onfray pour avoir réuni dans un média « ceux qui croient en la nation et qui sont opposés au mondialisme ». Un soutien qui ne surprend pas – le philosophe le qualifie de « baiser du serpent » – mais qui fait tache pour celui qui a, en 2002, lancé l'Université populaire de Caen, en réaction à la présence de Jean-Marie Le Pen au second tour de l'élection présidentielle. Il juge alors nécessaire de proposer une éducation collective libertaire et gratuite. Depuis, il connaît une évolution « plus sombre, davantage propice à un certain conservatisme, un de ses thèmes dominants devenant la décadence », pointe Philippe Corcuff, l'auteur soulignant notamment le déplacement idéologique de Michel Onfray sur l'héritage de Mai 68, glorifié en 1997 mais aujourd'hui déconsidéré.

Du confusionnisme au complotisme... sur l'air du « À qui profite le crime ? ». Dans un entretien accordé en juin 2017 à *L'Obs*, interrogé sur l'élection présidentielle, il assure au sujet des candidats à la primaire socialiste : « Je pense que le PS et surtout François Hollande avaient intérêt à ce qu'Hamon l'emporte, plutôt que Valls, pour faciliter la victoire finale de Macron. » La une du troisième numéro de *Front populaire* est consacrée au marronnier de « l'État profond : le vrai pouvoir à abattre ». Lobbies, hauts fonctionnaires, médias, réseaux parallèles... Michel Onfray justifie ce dossier : « C'est un État dans l'État. Nous n'avons pas l'impression qu'il y a des gens qui tirent les ficelles mais le capital est devenu fou et il est organisé. [...] Il n'y a pas de main invisible mais des gens qui utilisent aussi bien les banques, l'édition que la télévision, la publicité, le cinéma : toutes les productions intellectuelles contribuent à la formation d'une idéologie, qui, elle, fait la loi [...]. L'État profond, c'est un État qui économise les peuples et les abrutit. C'est un État "populicide[1]". » Ou l'extermination du peuple par le système et les élites qui l'incarnent, rien de moins. On retrouve dans cette vision celle que défend l'ancien conseiller de Donald Trump et héraut de la droite radicale américaine, Steve Bannon, quand il parle de l'« establishment politico-médiatique ». En son temps, Jean-Marie Le Pen a aussi été un grand pourfendeur de l'établissement tout comme Emmanuel Macron qui a repris à son compte ce terme en s'adressant, en 2019, aux fonctionnaires du Quai d'Orsay : « Comme diraient certains théoriciens étrangers, nous avons, nous aussi, un État profond... »

Juan Branco : le populisme à l'assaut de la rive gauche

Wikipédia prévient d'emblée le visiteur venu sur le site de l'encyclopédie en ligne, en quête d'informations sur Juan Branco. « Cette page a subi récemment une guerre d'édition. » Un avertissement introductif des contributeurs de la plateforme collaborative, qui tentent de garantir aux lecteurs des articles fiables et objectifs, par la modération des ajouts. Un avertissement rare,

1. Chaîne YouTube de Michel Onfray, chaîne Youtube : « C'est quoi l'"État profond" ? », 17 septembre 2020.

réservé à certains événements réputés sensibles et à quelques personnalités non consensuelles. Les fiches consacrées à Didier Raoult ou Éric Zemmour sont par exemple aussi introduites par ce bandeau. Si le caractère entier et le verbe haut de l'étudiant franco-espagnol ne laissent pas indifférents ceux qui l'ont rencontré, rien pourtant, au début de son cheminement, ne semble devoir l'amener à être l'objet d'une telle tension.

Les origines sociales de Juan Branco et sa formation l'installent en effet sur de solides rails, censés le mener sans détour ni difficulté vers de hautes fonctions parmi l'élite parisienne. Il y parvient d'ailleurs très vite, en devenant avocat à 26 ans, installant dans la foulée son cabinet dans le chic 6e arrondissement de la capitale. Avant cela, il « navigue » dans le champ politique avec un parcours plus sinueux que rectiligne, illustrant un tâtonnement tactique ou idéologique. En revisitant ce parcours de fils plutôt bien né, il y a ces quelques signaux faibles émergents qui indiquent que Juan Branco semble vouloir se démarquer. D'abord conseiller juridique de Julian Assange, il est ensuite l'avocat de Jean-Luc Mélenchon mais finit par prendre ses distances avec le candidat. Il cherche aussi, en vain, à convaincre Salah Abdeslam, terroriste djihadiste impliqué dans les attentats du 13 novembre 2015, de lui confier sa défense. De la justice à la politique, qu'il entend mener sur le terrain, à Paris pour commencer puis en Seine-Saint-Denis. Mais au soir de sa défaite aux législatives en 2017, il n'est plus jamais revu par les militants de Clichy-sous-Bois qui l'ont pourtant accueilli et accompagné dans sa rencontre avec les électeurs. Ses engagements sont à durée déterminée, ses engouements, des baux précaires.

Surfant sur les tendances du moment pour prendre la lumière. « Un populisme d'opportunité », disent certains.

Autoproclamé meilleur ennemi du pouvoir, Juan Branco se saisit ensuite, en pleine crise des Gilets jaunes, d'une cible populaire, résolument dans l'actualité : le nouveau locataire de l'Élysée. Dans *Crépuscule*[1], l'activiste étrille Emmanuel Macron : « Ici seront révélés les liens de corruption, de népotisme et d'endogamie qui jonchent un pays », prévient d'emblée l'auteur. Pourtant, si le livre reçoit un très bon accueil du public (16e meilleure vente en 2019), les critiques soulignent le manque de rigueur et de preuves pour étayer les thèses exposées. Au fil des pages, avec un ton d'autant plus appuyé qu'il doit compenser la maigreur des informations, Juan Branco dénonce un « complot oligarchique » où la démocratie française serait depuis quelques années confisquée par quelques puissants, énonçant surtout des généralités – pour ne pas dire des banalités – malgré le ton outrancier souvent employé. Il s'en prend aux liens qu'entretient le président de la République avec certains capitaines d'industrie : « Xavier Niel et Emmanuel Macron sont amis de longue date. Le premier a mobilisé sa fortune et son réseau pour faire élire le second, alors que celui-ci était encore inconnu et se faisait passer pour l'enfant d'une immaculée conception. Et le propos n'est pas moins incisif quand il revient sur la légitimité du combat à mener. « Celui que nous nous apprêtons à abattre symboliquement a pris le pouvoir, littéralement, aux dépens des principes démocratiques et républicains auxquels nous adhérons, et par lesquels nous demandons

1. Paru aux éditions Au diable vauvert en 2019.

son départ ou sa destitution. Il n'y a nulle sédition dans l'appel au départ d'Emmanuel Macron, car c'est lui, et les intérêts qui l'ont formé, qui pour prendre le pouvoir se sont comportés en séditieux. » Aucune révélation d'aucune sorte, aucune investigation pour donner chair à cette dénonciation d'une caste politique, économique, médiatique qui aurait trouvé en Emmanuel Macron sa « marionnette ». Un président « illégitime », « placé » bien plus qu'« élu ».

Le « populisme » de Juan Branco, qui suinte souvent le ressentiment personnel, ne se traduit pas qu'en mots. Il se décline dans les actes. En pleine crise des Gilets jaunes, il participe à quelques rassemblements, ce qui en fait une figure appréciée des manifestants. Il est dans la rue le samedi 5 janvier 2019, quand certains militants forcent la porte du ministère de Benjamin Griveaux, à Paris dans le 7e arrondissement. Juan Branco a le sens de la formule, ce qui en fait un familier des chaînes d'information avant d'en être ensuite éloigné tant sa dénonciation du système médiatique reposait sur de grosses ficelles à connotation complotiste. Il a le sens de l'amitié, aussi, et de la suite dans les idées. Lorsque sort la vidéo à caractère sexuel compromettant Benjamin Griveaux, toujours lui, il est aux côtés de Piotr Pavlenski, l'activiste russe à l'origine de la diffusion du document. Les deux hommes se connaissent depuis peu, mais assurent partager un combat, celui de la moralisation et de la transparence de la vie politique. En mars 2021, il publie *Abattre l'ennemi* (Michel Lafon), sa feuille de route révolutionnaire pour en finir avec les élites. L'avocat poursuit son œuvre de procureur du système, tout en en faisant avantageusement partie. Il se classe rapidement dans le top 10 des meilleures ventes, non loin de l'essai de Philippe de Villiers, *Le Jour d'après* (Albin Michel).

La tentation de la politique

En juin 2019, à trois ans de l'échéance présidentielle, le parti Les Républicains vient de subir une débâcle historique aux élections européennes. La liste emmenée par le candidat très conservateur François-Xavier Bellamy passe sous la barre symbolique des 10 %. Laurent Wauquiez, le président du mouvement, en tire les conséquences en démissionnant. Trouver un chef, reconquérir des militants, s'accorder sur une ligne puis un programme. Le chantier de reconstruction semble herculéen pour beaucoup d'observateurs. Éric Zemmour, même s'il se sait « chez lui » au siège du parti, se méfie de cette écurie. Il n'a jamais cherché les lumières du pouvoir, et s'est toujours tenu à l'écart de la galaxie de Nicolas Sarkozy. Car les valeurs de l'écrivain-polémiste sont ailleurs, d'abord chez celles des partisans du « non » à Maastricht, dont il cite régulièrement quelques figures : Philippe Séguin, Charles Pasqua, Jean-Pierre Chevènement, Philippe de Villiers. Et s'il est allé en janvier 2019 à la rencontre d'adhérents LR, une autre affiche a surtout retenu l'attention... Et posé quelques questions dans le landernau des journalistes politiques. Le 23 septembre 2019, il est aux côtés de Louis Alliot – les deux hommes disent se connaître et être amis de longue date –, député Rassemblement national, lors d'un débat à Perpignan. Le parlementaire, qui amorce alors sa campagne pour les municipales, assure qu'il ne s'agit pas d'un soutien de l'essayiste, qui indique, lui, de son côté, qu'il honore tout simplement une promesse de venir présenter aux Perpignanais son dernier livre. Aucun des deux n'ignore pourtant l'interprétation politique qui peut être donnée de ce rapprochement. Ils n'esquivent d'ailleurs pas la presse ce jour-là et jouent le jeu pour que la photo immortalise ce rapprochement.

C'est même sur une estrade encore plus politique qu'Éric Zemmour prend place le samedi suivant. Debout et seul cette fois au pupitre, face à une salle comble acquise à sa cause, le journaliste essayiste déroule sa vision, toujours la même, profondément décliniste, dénonçant l'invasion migratoire et en appelant à un sursaut patriotique. Ce 29 septembre 2019, avec Marion Maréchal, ils sont les invités vedette de la Convention de la droite, premier meeting de ceux qui tentent de faire tomber la digue qui sépare encore le parti LR du Rassemblement national, de ceux qui, plutôt que l'union des populistes, privilégient l'union des droites pour accéder enfin au pouvoir dont l'œuvre de dédiabolisation engagée doit un jour ouvrir les portes. Aucun chef de parti n'est invité officiellement, pour envoyer le signal d'un dépassement des appareils partisans et mieux mettre en valeur ces deux figures médiatiques et charismatiques de ce que l'on appelle « la droite hors les murs ». C'est au cours de ce même discours qu'Éric Zemmour, féru d'histoire, compare l'immigration à l'« occupation » nazie, propos qui lui vaudront une condamnation pour injure et provocation à la haine. La dénonciation constante des délinquants ne suffit ainsi pas à effacer ses propres délits.

Qui ne freinent pas, bien au contraire, la progression de ses soutiens, chaque semaine un peu plus nombreux et désireux de lui faire endosser un autre costume que celui de journaliste et essayiste. La petite musique monte, avec pour la première fois un sondage de l'Ifop, publié le mercredi 3 mars 2021, qui teste la candidature de ce dernier. Même si, à un an de l'échéance, la prudence s'impose, le journaliste récolte ainsi 17 % d'intention de vote au premier tour de la présidentielle, mais dans une configuration étrange, qui exclut Marine Le Pen et Nicolas Dupont-Aignan pourtant déjà officiellement lancés. Malgré ce capital non négligeable, les partisans d'Éric Zemmour et de Marion Maréchal sont bien forcés de reconnaître l'avance prise par Marine Le Pen dans les sondages d'opinion.

Pourtant, Éric Zemmour, impassible, laisse dire. Il s'en amuse même, parfois. Comme ce 20 janvier 2021, sur le plateau de l'émission qui porte son nom et celui de son acolyte Éric Naulleau. Face au journaliste politique Alain Duhamel, l'éditorialiste de CNEWS s'abstient de démentir toute velléité d'être candidat à l'Élysée. Il laisse aussi faire ses soutiens. Comme ce premier dimanche du mois de mai 2021 quand, dans une dizaine de villes en France, de jeunes militants du mouvement Génération Z organisent des opérations de stickage dans le but de soutenir une candidature d'Éric Zemmour en 2022. Au même moment, le journaliste tisse sa toile sur les réseaux sociaux. Ses comptes Instagram, Facebook, TikTok, ainsi qu'une chaîne Telegram accompagnent dorénavant son compte Twitter, suivi par plusieurs dizaines de milliers de personnes. Il y relaie des extraits de ses émissions. Un bon outil pour mesurer l'effet de ses déclarations : le « populisme du like ». On peut aimer Maurras et Internet en même temps. Une façon aussi de tester quelques propositions ? Il élargit ainsi le cercle de ses supporters, en rajeunissant l'âge moyen de ses troupes.

Éric Zemmour, Michel Onfray, Juan Branco... ces figures de la galaxie populiste et radicale n'ont pas encore réuni leurs forces au sein d'une même tribune et d'un même mouvement. Pourtant, des passerelles existent. Le 9 avril 2021, c'est dans le studio de la rédaction de *Front populaire* que Michel Onfray reçoit Juan Branco, avec qui il dit « tout partager ». Les deux hommes alignent pendant une heure et demie leurs points de vue sur le souverainisme, la gestion de la crise sanitaire, la crise des Gilets jaunes, l'immigration, l'éducation où l'État profond. Le jeune avocat collabore dans la foulée au numéro de la revue consacré à l'écologie. Une caution utile pour rééquilibrer une galaxie de contributeurs qui tire bien plus vers le national-populisme que vers le populisme protestataire que peut incarner Branco.

Autre plateau, sur CNEWS cette fois. Le 29 mai 2020, la chaîne organise une rencontre entre Michel Onfray et Éric Zemmour. La date, choisie symboliquement, renvoie au référendum de 2005, alors que 55 % des Français votaient non à l'adoption de la Constitution européenne. Le philosophe et le journaliste avaient alors fait campagne commune contre le texte. Si certains sujets les séparent, ils se retrouvent aujourd'hui sur la nécessité d'un sursaut souverainiste, luttant tout à la fois contre l'impérialisme européen et islamiste. Pendant soixante minutes, le dialogue, courtois et respectueux, se fait sans aucune invective entre l'intellectuel « de gauche » et le journaliste de droite. Éric Zemmour se montre même flatteur : « Vous êtes un enraciné, je crois que c'est ça que la gauche ne vous pardonne pas. Ils vous traitent de fasciste, car vous êtes les pieds dans la terre. » Michel Onfray, fils d'ouvrier agricole, apprécie. « C'est vrai », répond le philosophe, qui ne peut s'empêcher de rougir de plaisir à l'écoute des compliments qui tombent en rafale. Puis Michel Onfray, blagueur, pour conclure cet échange : « Si ça fait plaisir au *Monde* et à *Libération*, on pourrait prendre date pour qu'Éric nous fasse un papier. » Depuis, les hommes ont régulièrement partagé le même plateau pour poursuivre un échange qui fait désormais apparaître les convergences écrasantes entre leurs lectures du monde. Michel Onfray pourrait-il se faire l'intellectuel organique d'un combat politique mené par Éric Zemmour si celui-ci décidait effectivement de « passer à l'action » et venait à se déclarer ?

La nouvelle garde réactionnaire

Ils sont la génération Zemmour. Nés à la fin du XXe siècle, ils n'ont jamais adhéré totalement ou très longtemps à la culture Erasmus, et encore moins communié avec l'esprit « start-up nation » des jeunes avec Macron. « Eux ont grandi dans un sentiment d'urgence, voulant préserver l'identité nationale face au rouleau compresseur de l'Europe, du marché et de la mondialisation », explique Alexandre Devecchio, rédacteur en chef adjoint des pages Débat du *Figaro,* qui se revendique de ce courant de pensée. Dans son livre paru en 2016, *Les Nouveaux Enfants du siècle* (Le Cerf), il décrit cette génération « à la fois antimoderne et postmoderne », « une jeunesse miroir inversé de la génération Mai 68 ». Selon lui, les jeunesses françaises se divisent en trois grandes générations bien identifiables : Dieudonné, Éric Zemmour et Jean-Claude Michéa, universitaire et socialiste libertaire.

Cette génération n'a pas défilé pour défendre des acquis sociaux mais pour protéger un modèle de société. Libertés individuelles et libertés publiques, sécurité, immigration et solidarité, identité et culture... Il est souvent question d'ancrer ces sujets en se replongeant dans les racines chrétiennes de la France. Certains ont choisi de se lancer en politique. C'est le cas par exemple de François-Xavier Bellamy, tête de liste LR aux européennes. La droite républicaine compose ainsi depuis quelques années avec le courant Sens commun, association qui a joué un rôle déterminant dans la mobilisation des soutiens de François Fillon.

Cette génération a su également se faire une place de choix dans certaines rédactions de la presse écrite quotidienne ou magazine, se frayant ensuite un chemin vers les plateaux de télévision, à la radio... s'inscrivant ainsi dans les pas d'Éric Zemmour, même s'ils ne partagent pas toujours les choix du polémiste. Eugénie Bastié (*Le Figaro*), Charlotte d'Ornellas (*Valeurs actuelles*), Alexandre Devecchio... « Cette nouvelle garde a tous les avatars de la modernité, tout en étant hostile à l'avortement, antimigrants, ultrasécuritaire. Mais c'est joliment porté » dit, anonymement, un responsable d'une chaîne d'information en continu, cité par *L'Obs*, dans un dossier consacré aux ambitions politiques du polémiste de CNEWS. Mais ces jeunes gâchettes suivent aussi avec attention le parcours de Marion Maréchal, déjà parfaitement rodée aux méandres de la vie politique. Depuis son école de formation, elle tente de se faire une place dans le débat des idées qui agite actuellement cette droite réputée être « hors les murs », mais visiblement bien au fait et bien installée dans le système médiatique.

Médias populaires ou médias populistes ?

CNEWS peut-elle faire élire le candidat de son choix lors de la présidentielle de 2022 ? BFMTV a-t-elle ouvert la porte de l'Élysée à Emmanuel Macron en 2017 et déroulé le tapis rouge à François Hollande en 2012 ? Et FranceInfo TV ou LCI ? Certains pensent ainsi que les chaînes d'information en continu ont cette influence sur l'issue des scrutins, quand d'autres sont persuadés que les Illuminati dirigent le monde. En tout état de cause, la place des médias a toujours été questionnée en démocratie, fort légitimement : « chiens de garde » au service des intérêts en place ou quatrième pouvoir, les grilles de lecture s'affrontent. L'offre et la demande, la poule et l'œuf : les médias sont assurément le reflet d'une société et d'une époque. Au XXIe siècle, l'heure semble plus que jamais être au populisme. Voyons en quoi la fabrique de l'opinion subit autant qu'elle participe de ce système qui se donne pour cible... le système. Car force est de constater que l'audience de ces médias a progressé en même temps que le populisme. S'il n'y a pas corrélation, à tout le moins y a-t-il concomitance.

L'information se raconte en direct

CNEWS et BFMTV n'existent pas encore quand Jean-Marie Le Pen accède au second tour de l'élection présidentielle en 2002. LCI et I-Télévision (qui deviendra bien plus tard CNEWS), les chaînes du groupe TF1 et Canal+, diffusent alors leurs journaux réactualisés à leurs seuls abonnés, accessibles sur les bouquets de chaînes du câble et du satellite. Autrement dit une « niche », à laquelle seule une minorité de Français a donc accès. L'influence de ces deux rédactions sur le scrutin ne saurait être prise pour autre chose que ce qu'elle est : infinitésimale pour ne pas dire nulle. En 2005, tel un « coup de tonnerre » médiatique qui ne dit pas son nom, la Télévision Numérique Terrestre redistribue en profondeur les cartes du PAF tout comme les habitudes de consommation du petit écran. Pour la première fois, deux chaînes d'information sont alors disponibles gratuitement : I-Télévision, qui fait le choix d'en finir avec le modèle payant, et un nouvel entrant, BFMTV, entité du groupe NextRadio, par ailleurs propriétaire de deux stations, BFM Business et RMC.

Très vite, l'agenda de l'Élysée, du gouvernement et du Parlement prennent une place de choix sur ces deux antennes, qui nous racontent par le menu les aventures collectives et individuelles des responsables de la majorité et de l'opposition, dans la victoire comme dans la défaite. On y annonce des lois, on y débat des réformes, on y défend aussi bientôt les projets nationaux des candidats à la présidentielle. Car un an et demi après leur lancement sur la TNT, s'ouvre pour ces chaînes le temps de la campagne de 2007, commentée et filmée en temps réel, comme on le fait pour un match de football. Les discours des candidats sont captés en direct. Les interviews exclusives génèrent immédiatement des réactions en chaîne. Les débats se multiplient, BFMTV allant même jusqu'à organiser une confrontation inédite sous la Ve République entre Ségolène Royal et François Bayrou, respectivement arrivés deuxième et troisième au premier tour du scrutin de la présidentielle. Un traitement doublement gagnant au bénéfice de la vie politique. Les responsables des partis, les élus et leurs opposants médiatisent plus facilement de cette façon leurs idées et touchent toujours plus d'électeurs potentiels. Les téléspectateurs, eux, ont un accès libre et simple à une information sourcée et hiérarchisée qui jusqu'ici était réservée à une « élite ». La « BFMisation » de la vie politique, qui sera dénoncée plus tard, est d'abord une démocratisation de l'information. En 2007, BFMTV et I-Télé se transforment en self-service de l'information, ouvert 7 jours sur 7. La politique servie sur un plateau à toute heure, et tout le monde semble alors y trouver son compte.

La « BFMisation » de la vie politique

Le quinquennat de Nicolas Sarkozy n'interrompt pas la montée en puissance des chaînes d'information, bien au contraire. Activisme présidentiel d'un côté et digitalisation de la société française de l'autre : l'information en continu vit un âge doré. Les discours du chef de l'État sont le plus souvent diffusés en direct et en intégralité. Les séances des questions d'actualité à l'Assemblée nationale rythment l'après-midi du mardi. Tout comme la sortie du Conseil des ministres, suivie en direct, le mercredi à l'heure du déjeuner. À son issue, les membres du gouvernement répondent avec plus ou moins de facilité et de bonne volonté aux questions des journalistes présents dans la cour de l'Élysée. L'heure est à l'ouverture de la vie politique, à la sollicitation continue, à la proximité permanente. On lit souvent que le pouvoir isole les dirigeants. Le renouvellement du traitement de l'actualité de la vie publique, impulsé par BFMTV, I-Télévision mais aussi LCI participe alors à rapprocher les Français de la politique. Les audiences de ces chaînes, sans cesse en progression lors du mandat de Nicolas Sarkozy, en sont la démonstration.

Sans y être forcés, les responsables politiques accompagnent et alimentent ce mouvement. La vie politique se calibre petit à petit au cadre et au format des chaînes d'information. On filme l'arrivée de la voiture du candidat sur le lieu de son meeting. On le suit, en coulisse, rejoignant sa loge. On le retrouve entouré d'une horde de jeunes militants fendant la foule vers la tribune. Puis vient le temps du discours. Une caméra plan large, pour cadrer le pupitre. Une autre pour aller chercher l'expression du visage, un regard, un sourire, qui valent parfois plus que les mots. Des images en flux continu, pour ne rater aucun instant, jusqu'à *La Marseillaise* finale.

Certains jeunes loups de la politique ont bien compris l'intérêt de venir faire ses gammes en plateau. Même si le passage est furtif et parfois très tardif dans la journée. C'est une bonne occasion de venir roder une formule qui pourra peut-être faire mouche lors d'une campagne. C'est aussi une façon de se faire voir. De son électorat, mais aussi de sa famille politique. Les prétendants aux postes ministériels se bousculent en général dans les jours qui précèdent un remaniement. Dans les cabinets des élus, aux sièges des partis, dans les bureaux des conseillers au gouvernement mais aussi à l'Élysée, les télévisions restent dorénavant allumées du matin jusqu'au soir. Comme l'ont été les téléscripteurs, les tubes pneumatiques, les fax ou le Minitel, les chaînes d'information en continu deviennent des outils à part entière au service du pouvoir.

À l'occasion de la présidentielle de 2012, ces rédactions s'étoffent, trouvent un public de plus en plus nombreux, et accueillent logiquement les candidats et les grands acteurs de la campagne dans leurs studios. Les annonces faites dans les matinales tournent ensuite en boucle à l'antenne. La campagne se vit en « éditions spéciales », elle est rythmée par des « petites phrases » et de longs discours. Celui de la place de la Concorde pour Nicolas Sarkozy. De la Bastille pour Jean-Luc Mélenchon. Du Zénith de Paris pour Marine Le Pen ou du Bourget pour François Hollande. Le candidat socialiste avait face à lui dans le parc des expositions au nord de Paris un peu plus de 20 000 militants survoltés. Mais combien étaient-ils devant leurs écrans à l'entendre s'attaquer ainsi à la finance ? Au moins 500 000 au total, toutes chaînes info confondues. Sans doute une des explications du succès de la formule, qui marque alors les esprits de nombreux Français.

Après la victoire de la gauche, l'euphorie ne retombe pas. Certains membres du gouvernement de Jean-Marc Ayrault vivent même leurs premiers instants d'exercice du pouvoir aux côtés d'un journaliste, embarqué caméra au poing sur le siège arrière de berlines aux vitres fumées filant, gyrophare allumé, en direction de l'Élysée pour leur premier Conseil des ministres... Transparence ou voyeurisme ? Proximité ou spectacle communicationnel ? Abolition de la frontière entre les Français et politique poussée aux limites du populisme ? Le contact direct et l'info en temps réel comme paravents de la démocratie directe, l'horizontalité et le naturel de l'échange en lieu et place de la conférence de presse à l'ancienne, descendante, ampoulée, presque artificielle. Place à l'immédiateté et à la sincérité qui est censée en découler.

Ce faisant, les chaînes info n'inventent rien. Elles prolongent, elles systématisent, elles amplifient les recettes de certains grands titres de la presse magazine, habitués à mettre à leur une les élus et les candidats dans leur intimité. En quête d'authenticité, les présentateurs de ces chaînes de télévision recherchent un récit toujours plus personnel, entre révélation et confidence. Il leur est parfois offert, de façon exceptionnelle, par les acteurs de la classe politique eux-mêmes. C'est le cas, à deux reprises pour BFMTV, lors du quinquennat de François Hollande : d'abord avec l'interview exclusive par Jean-François Achilli, en mars 2013, de Jérôme Cahuzac, l'ancien ministre socialiste banni du gouvernement pour fraude fiscale et mensonge public ; puis, un an plus tard, l'entretien confession par Ruth Elkrief du dirigeant de l'UMP Jérôme Lavrilleux, accusé d'être au cœur d'un système de fausse facturation de la campagne présidentielle de Nicolas Sarkozy. Deux affaires marquantes de la vie politique mises en récit de façon privilégiée par la mécanique de plus en plus puissante des chaînes d'information, délibérément choisies par leurs protagonistes pour venir expier publiquement leur faute.

Dans un autre registre, BFMTV marque aussi les esprits à l'automne 2013, avec l'affaire dite Leonarda. En duplex sur la chaîne, l'adolescente de 15 ans répond sèchement, et sans délai, à l'intervention de François Hollande, alors que ce dernier vient tout juste de s'exprimer de façon solennelle depuis le palais de l'Élysée pour proposer à la jeune femme de poursuivre en France sa scolarité, tout en expulsant sa famille en situation irrégulière. « Leonarda répond à F. Hollande » peut-on lire sur les bandeaux en bas de l'écran. La force de la réponse tient aussi à son immédiateté, à ce face-à-face d'image et de son, qui semble mettre de plain-pied le président de la République et une jeune adolescente, celle-là ne se privant pas de donner une leçon d'humanité à celui-ci. Séquence politiquement désastreuse pour le chef de l'État confronté malgré lui à la mise en scène de la parole de l'adolescente. Comme un rééquilibrage des récits : le média n'est plus seulement là pour donner de l'écho à la parole présidentielle mais pour tendre directement le micro à celui ou celle qui veut lui répondre. Les faibles face aux puissants ? Les gentils contre les méchants ? Certains voient dans le traitement de cette affaire une dérive populiste. Quoi qu'il en soit ce virage éditorial marque l'acte de naissance de ce que l'on appelle la « BFMisation » de la vie politique.

Au-delà de l'affaire Leonarda, d'autres polémiques sont venues percuter de plein fouet le début du quinquennat de François Hollande. Le président de la République, qui avait sans doute, avant d'être élu, le contact le plus facile avec la presse, subit comme nul autre le tourbillon médiatique. Celle des frondeurs de la majorité, le psychodrame à l'UMP entre Jean-François Copé et François Fillon, le temps d'antenne accordé aux représentants du Front national, la surexploitation du tweet de Valérie Trierweiler à l'encontre de Ségolène Royal... « On ne peut pas dompter la bête mais on peut essayer de l'apprivoiser », estime Thierry Mandon, à l'époque député socialiste de l'Essonne, porte-parole du groupe de la majorité à l'Assemblée et ancien journaliste. Finalement, François Hollande acte lui-même, au cours de son mandat, la place prise par les chaînes d'information, en acceptant, le 6 mai 2014, de répondre aux questions du journaliste star de BFMTV, Jean-Jacques Bourdin. À partir de ce moment, le pli est pris : plus de retour en arrière possible.

« La société du commentaire »

Même si l'actualité a de la ressource, offrant un renouvellement quasi permanent et sans limite des faits, les chaînes d'information sont toutes confrontées à la même quête : l'allongement de la durée d'écoute. BFMTV, CNEWS, LCI ou FranceInfo TV ne parviennent à capter l'attention des téléspectateurs qu'une quinzaine de minutes en moyenne. Pour tendre vers la demi-heure, ces chaînes investissent dans l'investigation, s'ouvrent à de nouvelles thématiques et proposent des plages de débat qui revisitent l'actualité du jour. En studio, autour du présentateur, des responsables politiques, des journalistes, des « spécialistes » en tout genre expliquent, décortiquent, analysent une image, une déclaration, un chiffre. Un sondage commandé en exclusivité vient parfois prolonger les échanges en fin de journée : « Le gouvernement en fait-il trop ou pas assez... » (pour votre sécurité, pour lutter contre le chômage, pour soutenir les entreprises...) ? Toujours est-il que si les politiques n'ont pas toujours les réponses aux questions, les téléspectateurs adhèrent, et ils reviennent, avec gourmandise et toujours plus nombreux, le lendemain.

Quand il arrive au pouvoir en 2017, Emmanuel Macron doit donc composer avec ce qu'il qualifie lui-même de « société du commentaire permanent[1] » et qu'il éprouve à l'occasion de la crise sanitaire pendant de longs mois, quand la stratégie de santé publique a

1. *L'Express,* 22 décembre 2020.

été remise en question matin, midi et soir. Le chef de l'État a tout fait pour éviter cela. Pendant sa campagne électorale, il théorise son rapport aux médias, affichant sa volonté de mettre fin à la présidence réputée « bavarde » de François Hollande. Il s'astreint donc à un devoir de réserve face aux journalistes. Un président économe de sa parole, dont la rareté fait la puissance : c'est comme si Jacques Pilhan, qui l'avait théorisé, était demeuré à l'Élysée, bien après y avoir réellement conseillé François Mitterrand et Jacques Chirac. Évite autant qu'il le peut de céder à la formule. Tient à bonne distance la presse lors de ses déplacements et à l'Élysée : le service de communication du chef de l'État a d'ailleurs cherché à éloigner la salle de presse des reporters accrédités pour les installer dans un bâtiment annexe, loin du perron et des visiteurs du Président... Les ponts avec les rédactions sont pourtant loin d'être coupés.

La première année du quinquennat, après une crise inédite déclenchée avec le commandement de l'armée au début de l'été, et alors qu'il peine à se sortir de nombreuses controverses avec les élus locaux et les partenaires sociaux, le chef de l'État choisit de prendre la parole, cinq mois après sa prise de fonctions, après un jeûne médiatique inédit marqué notamment par l'absence d'interview du 14 Juillet. Emmanuel Macron choisit de répondre aux questions des journalistes de TF1 et LCI, Anne-Claire Coudray, Gilles Bouleau et David Pujadas, le 15 octobre 2007. Une interview avec, comme but affiché, de donner du sens au début de mandat élyséen. Le Président rappelle les fondamentaux de sa campagne, explique ses réformes et endosse le costume d'un expert très pédagogue mais pas celui d'un capitaine de gros temps, montrant le cap pour les mois à venir. Un œil dans le rétro, Emmanuel Macron s'est invité ce soir dans le salon de près de dix millions de Français pour livrer un commentaire sur ses annonces passées, comme tout bon éditorialiste le ferait sur un plateau de chaîne d'information.

S'il sait qu'un président ne devrait pas faire ça, il ne rompt pas pourtant avec la présidence des petites phrases. Ce jeudi 31 janvier 2019, le chef de l'État reçoit quelques journalistes pour un échange informel sur l'actualité. La tension sociale et politique est moins forte en ce début d'année, même si quelques ronds-points restent toujours occupés et que quelques milliers de Gilets jaunes manifestent encore tous les samedis. Le sujet est largement suivi par les chaînes d'information, à grand renfort de directs, témoignages et d'éditions spéciales. Un traitement pas forcément du goût présidentiel. Dans le huis clos de ce salon élyséen, il lance : « Jojo, avec un gilet jaune, a le même statut qu'un ministre ou un député ! » La force de la formule présidentielle ne résiste pas au principe du « off » et vient s'inscrire sur les bandeaux des chaînes d'information comme sur tous les sites d'actualité. « Le mépris de classe en marche ! », réagit immédiatement l'opposition qui y voit une « insupportable condescendance » des « élites » envers les Gilets jaunes. Les « sans-dents » ont la vie dure. L'Élysée ne peut que tenter d'éteindre l'incendie. Et arrêter, pour un temps, les échanges privés avec la presse.

Un peu moins de deux ans plus tard, en observant le traitement médiatique de la crise sanitaire en France, Emmanuel Macron reste fidèle à sa ligne, mais il la formule différemment : « Le problème clé pour moi, c'est l'écrasement des hiérarchies : le sentiment que tout se vaut, que toutes les paroles sont égales, celle de quelqu'un qui n'est pas spécialiste mais a un avis sur le virus vaut la voix d'un scientifique[1]. » Le chef de l'État est-il victime ou responsable, même partiellement, de ce phénomène ? Il choisit d'incarner pleinement la stratégie sanitaire du pays, laissant habilement fuiter dans la presse ses « colères » quand une administration ou une entreprise ne délivre pas le résultat attendu. En multipliant les interventions à la télévision pour présenter ses décisions et rendre compte au fil des mois de son action, il accepte d'en endosser, seul, une responsabilité. Certains ont même ironisé, ou tenté de flatter l'intéressé de façon détournée, en soulignant la très grande culture scientifique acquise par le président de la République à la faveur de la pandémie, capable en matière de virologie d'en remontrer à ses interlocuteurs les plus légitimes.

Cette présidence hyperverticale, aussi conceptualisée pendant sa campagne et appliquée à la lettre pendant de longs mois au début de l'épidémie, a pour effet de placer au second plan les élus locaux dans les territoires, les parlementaires mais aussi les syndicats. Ces représentants de terrain sont aussi souvent les premiers à l'écoute des doutes, des inquiétudes, des mécontentements des

---

1. *L'Express*, le 22 décembre 2020.

Français. Il est donc légitime de les entendre à ce moment-là. Le débat politique s'est donc, pour ainsi dire, déplacé non pas au Parlement, qui a fonctionné au ralenti et en mode dégradé sans jamais pouvoir infléchir les décisions du gouvernement, mais sur les plateaux des chaînes d'information. Quand Emmanuel Macron répond aux questions de *L'Express*, à la fin de l'année 2020, BFMTV, CNEWS, LCI ou FranceInfo TV ont à leur compteur un peu plus de vingt mille heures d'antenne consacrées quasi exclusivement à la crise sanitaire. Le commentaire est certes parfois excessif, de niveau inégal. Les mêmes scientifiques ont changé régulièrement d'avis, se sont trompés – certains l'ont reconnu, comme par exemple Éric Caumes ou Michel Cymes, d'autres s'y sont refusés, comme Didier Raoult –, démontrant que la médecine est aussi affaire de doutes et d'incertitudes. Chacun a ainsi pu assister en spectateur à l'expression de désaccords entre spécialistes, entre alarmistes et « rassuristes », entre médecins, légitimement centrés sur les enjeux sanitaires, et les autres représentants de la société civile, soucieux aussi de pousser d'autres problématiques. Un exercice de pédagogie grandeur nature et en temps réel, qui aura participé de la fabrique de la démocratie dans un contexte où les questions étaient nombreuses, les réponses fragiles, les inquiétudes vives. Exercice complexe dont on comprend qu'il ait pu, de temps en temps, conduire dans le fossé « populiste » : par une survalorisation de points de vue scientifiquement mal établis, par l'exploitation de la peur de l'opinion à mesure qu'elle progressait au rythme de l'épidémie, par une mise en scène d'oppositions politiques artificielles dans un contexte de très grande incertitude. Mais la demande du peuple, toujours plus grande, de participation, de parler-vrai et « cash » est bien réelle. Elle a d'ailleurs très bien été perçue par le président de la République, au moment de la crise des Gilets jaunes, avec l'organisation de débats, sans filtre et sans limite de durée. La désintermédiation : un critère qui caractérise l'action populiste des dirigeants.

La « CNEWSisation » de la vie politique

Le 3 mai 2021, à un an de la présidentielle, un événement symbolique se produit dans le paysage des chaînes d'information. Pour la première fois depuis la reprise de la rédaction en 2016 par le groupe Vivendi appartenant à Vincent Bolloré, CNEWS double sa rivale BFMTV. L'écart entre les deux canaux est mince, mais très symbolique, car il vient couronner une stratégie d'entreprise définie par l'industriel breton, que certains voient comme un copié-collé de celle développée par la chaîne d'information américaine FOX NEWS conservatrice et qui s'est démarquée par un soutien appuyé à Donald Trump notamment. Si BFM demeure largement leader, le croisement des courbes s'opère de plus en plus régulièrement sur certains créneaux, les plus porteurs en termes d'audience et d'impact commercial. Sur CNEWS, l'information est ainsi incarnée par des personnalités très identifiées chargées de faire vivre le débat d'idées, en n'excluant aucune sensibilité, offrant ainsi une exposition à celles réputées être invisibles ou en rupture avec le politiquement correct et la « bien-pensance » censés régner dans les médias depuis des années. C'est du moins l'analyse que fait l'hebdomadaire conservateur *Valeurs actuelles*, en venant saluer ce passage de témoin sur le podium des chaînes d'information. Le titre sort d'ailleurs quelques jours plus tard un dossier complet sur CNEWS, qualifiée de « cousine » par le directeur de la rédaction de l'hebdomadaire.

Mauvaise joueuse, BFMTV ? On ne reconnaît pas totalement la défaite dans les couloirs de la rédaction de la chaîne. Marc-Olivier Fogiel, le patron de la rédaction, explique ainsi dans un message adressé aux collaborateurs que la concurrence du canal 16 propose désormais « une alternative totalement différente ». Média d'information d'un côté contre média d'opinion de l'autre. La filiale de Canal+ gagne des téléspectateurs en raison de la place prise par les débats d'opinion dans la grille des programmes. L'émission en matinée du journaliste Pascal Praud, qui enchaîne ensuite sur RTL à 13 heures, est régulièrement leader sur sa tranche. De même à la mi-journée, avec Sonia Mabrouk qui officie également dans la matinale d'Europe 1. On peut citer aussi Laurence Ferrari, en avant-soirée. Chacun revendique de donner la parole aux différentes tendances politiques en le faisant avec un ton accessible au plus grand nombre. N'est-ce pas là la mission première quand on est titulaire d'une carte de presse ? Mais à y regarder de près, plus que ces trois rendez-vous, c'est d'abord et avant tout celui d'Éric Zemmour qui tire l'audience de CNEWS au sommet. Et cela depuis le lancement de son émission « Face à l'info », le 14 octobre 2019. À de rares exceptions, tous les politiques, même ceux de premier plan au sein du gouvernement, et de tous bords confondus, observent la nouvelle offre de la chaîne et son succès soudain, au commencement de la saison 2019-2020. Si quelques appels au boycott ont bien été lancés, notamment venus des rangs de La France insoumise, en indélicatesse avec nombre de médias, ils ne sont que peu suivis d'effet. Dans la perspective d'une campagne ou avant une échéance électorale nationale, difficile de résister en faisant totalement l'impasse sur un média devenu leader et influent sur l'opinion. Ceux qui, hier, refusaient les invitations à débattre dans les émissions et déclinaient toute demande d'interview, notamment sous prétexte de la présence du chroniqueur polémiste sur la chaîne, reprennent, en cette fin d'année 2020, le chemin des studios. Sans qu'Éric Zemmour atténue pour autant son propos, au contraire, galvanisé par la flambée de ses audiences.

Des chaînes d'émotion en continu ?

Les professionnels de la télévision sont unanimes, rien n'est plus puissant qu'un événement quand il se passe en direct. La démonstration est flagrante dans le sport. Mais la même règle s'applique aussi en politique. Le déroulé d'un match de football comme celui d'une élection sont par nature incertains et imprévisibles. Le doute, la peur, le soulagement... participent au surgissement d'une émotion collective qui peut traverser une nation dans son ensemble. À la liste de ces grands moments de l'actualité, on peut ajouter une série d'autres événements qui se traitent aussi parfois dans le cadre d'« éditions spéciales ». Une manifestation, avec son lot de violence en fin de cortège. La traque d'un fugitif ou d'un terroriste. Une rivière emportant des pans entiers de vie sur son passage, sous le regard d'habitants impuissants et des caméras des chaînes d'information. BFMTV a fait de la couverture du direct sa marque de fabrique. Une raison d'être revendiquée fièrement en 2016 à coups de slogans simples et sans ambiguïté : « Oui je sais, je suis sur BFMTV », « Tu as vu les images sur BFMTV ? », « Regarde BFMTV, tu verras ». Et depuis 2005, le « réflexe BFM » opère de façon incontestable, avec, au moment de la crise sanitaire, un pic de consommation inédit. Les Français ressentent alors plus que jamais le besoin de s'informer. Entre 2019 et 2020, les journaux télévisés (21,2 millions de téléspectateurs) et les chaînes d'information (16,7 millions de téléspectateurs quotidiens) gagnent chacun 4 millions de téléspectateurs[1].

Lorsqu'un événement prend fin, l'expertise technique et documentée, nécessaire pour décrypter une action se déroulant en direct – « Expliquez-nous ce qui est en train de se passer » –, laisse ensuite plus de place au temps de l'émotion : au « Quelle est votre analyse ? », qu'on avait l'habitude d'entendre jusqu'alors, on substitue un « Quel est votre sentiment ? ». Question qui a

1. Étude Médiamétrie « *L'année TV 2020* ».

tout son sens lorsqu'elle est posée aux témoins d'une scène sur le terrain, mais qui surprend davantage quand elle l'est à des responsables politiques en plateau. Si un élu a pour responsabilité d'apporter au débat du savoir et des solutions, doit-il aussi verser dans le registre du ressenti ? Certains s'y prêtent bien volontiers. Et les téléspectateurs sont les premiers à adhérer à cette évolution, où l'on mêle discours formel et déclaration plus intime. Serait-ce gage d'une expression de vérité alors que l'ère du temps vire à la communication stéréotypée ? Sur ce terrain-là, on retrouve par exemple l'émission politique « Ambition intimes » sur M6, programme marquant de la présidentielle de 2017. Et plus loin dans le passé, les émissions cultes des années 90 comme « Tout le monde en parle », présentée par Thierry Ardisson ou « Vivement dimanche » de Michel Drucker, qui ont véritablement initié le genre en France, aux succès d'audience jamais démentis depuis. La proximité comme gage ultime de sincérité, l'émotion à chaud plutôt que l'analyse froide comme remède à une déshumanisation redoutée de la société.

Valeurs actuelles et Mediapart : « Tout fout le camp » et « Tous pourris », deux faces distinctes du populisme ?

Dans la catégorie médiatique, une autre date marque le quinquennat d'Emmanuel Macron. Le vendredi 25 octobre 2019, à bord de l'Airbus présidentiel qui le ramène de sa première tournée dans l'océan Indien,

Emmanuel Macron accorde un entretien exclusif de quarante-cinq minutes à Louis de Raguenel, à l'époque rédacteur en chef à *Valeurs actuelles*. « Tête à tête avec Macron », titre la une de l'hebdomadaire[1] qui précise que l'interview s'est faite à la demande de l'Élysée, pour sceller l'acte 2 du quinquennat. Avec le jeune journaliste, le chef de l'État aborde les sujets du moment, comme l'islam et la laïcité, sur lesquels il se livre prudemment. Mais quand vient la question de l'immigration, la réponse présidentielle se fait plus incisive et moins formelle : « Quand j'arrive en 2017, les chiffres sont épouvantables sur l'efficacité des politiques de retour. Il faut aussi regarder en face, au fait migratoire s'additionne le fait religieux. » Et de poursuivre sur des collectifs d'aide aux migrants qualifiés de « droits-de-l'hommistes main sur le cœur ». Les propos sont tenus sans la présence d'un conseiller de l'Élysée, et sans relecture, alors que le contexte est pourtant sensible et inviterait à la prudence. Une polémique sur le voile agite alors la classe politique, trois semaines seulement après l'attentat djihadiste de la préfecture de police de Paris. Pour justifier le choix du support, à la suite du malaise que cet entretien provoque au sein de la majorité, l'Élysée fournit des éléments de langage : « Emmanuel Macron a toujours préféré le dialogue au confort de l'entre-soi des élites. » L'exclusivité de l'interview est en définitive un bon coup et une forme de reconnaissance pour l'hebdomadaire, créé en 1966 mais dont la ligne éditoriale est passée ces dernières années

1. *Valeurs actuelles*, 31 octobre 2019.

d'un traitement de toutes les droites à une promotion de la droite qualifiée pudiquement de « décomplexée ».

Nicolas Sarkozy entretien de bons rapports avec ce titre, qui l'a toujours, il est vrai, très bien traité. L'ancien chef de l'État, qui compte plusieurs proches à la direction de la publication, est d'ailleurs régulièrement invité par l'hebdomadaire à rencontrer ses lecteurs. C'est lors d'une de ces soirées qu'il dit vouloir en France « des médias orientés un peu plus comme *Valeurs actuelles* et un peu moins comme France Télévisions[1] ». Mais, est-ce en raison d'une ligne trop polémiste que, dans l'exercice de ses fonctions, l'ancien président n'a jamais accordé d'interview à ce titre ? Une réserve présidentielle également appliquée par François Hollande dont la politique est régulièrement dénoncée sans nuance par la rédaction : « Au secours, Hollande revient ![2] » Certains ministres en prennent pour leur grade. Comme l'ancienne garde des Sceaux Christiane Taubira « coupable » d'avoir vidé les prisons[3] ou Najat Vallaud-Belkacem, ministre « ayatollah » de la « rééducation nationale », qui instruit les enfants « dans la haine de la France[4] ». Finalement, c'est toute la gauche qui est visée. En août 2020, la direction de la rédaction s'excuse après avoir dessiné la députée LFI Danièle Obono en esclave, à l'occasion de la publication d'une série fiction de l'été. Les réactions d'indignation sont quasi unanimes, et la

1. Dîner-débat avec les lecteurs de *Valeurs actuelles*, 20 septembre 2016.

2. *Valeurs actuelles,* 30 août 2018.

3. *Valeurs actuelles,* 29 janvier 2015.

4. *Valeurs actuelles,* 3 septembre 2014.

parlementaire saisit les tribunaux pour « injure publique à caractère raciste ».

Les unes visant ceux qui conduiraient le pays vers le déclin alternent avec les photos de ces personnalités qui « résistent », « s'insurgent », « disent stop » : Philippe de Villiers, Marion Maréchal ou Éric Zemmour, sacré en août 2020 « homme de l'année ». Caisse de résonance de toutes les droites, même les plus extrêmes et décomplexées, *Valeurs actuelles* n'hésite jamais à se mettre en opération commandée au nom du combat des idées. « La tentation Zemmour » sort en kiosque en avril 2021, vingt ans après le coup de tonnerre de 2002 et un an avant la présidentielle de 2022. En septembre 2019, il partage la une avec Marion Maréchal sous le titre « Les secrets de leur offensive », façon de promouvoir leur convention politique qui se tient au même moment. Un traitement bienveillant donc pour tous les tenants de cette « droite hors les murs » bien décidés à consolider les passerelles nécessaires à l'accession au pouvoir.

À l'opposé de ce spectre politique, on trouve le site Internet Mediapart au succès lui aussi insolent. Le site d'information rassemble dorénavant plus de 200 000 abonnés en 2021. Et *Valeurs actuelles* dépasse aujourd'hui l'audience globale (imprimée et numérique) du *Journal du dimanche*[1], avec en moyenne 4,53 millions de lecteurs par mois. Signe que les Français en sont friands. Ce 6 avril 2020, en pleine crise sanitaire, Edwy Plenel, comme des millions de Français, entend à sa façon rendre hommage et remercier les personnels

1. Étude *One Next 2021*.

de la première ligne. Dans un message qu'il publie sur son compte Twitter, le fondateur de Mediapart reprend alors les premiers couplets d'une chanson écrite pour l'occasion intitulée : « Merci à toi ô soignant ». « Merci à tous les travailleurs. Merci à vous, pas aux patrons. Merci à toutes les travailleuses. Merci à vous, pas à Macron. » Un refrain au ton résolument anticapitaliste et antimacroniste d'un Edwy Plenel accusé d'être de plus en plus militant et de moins en moins journaliste. On sait l'ancien directeur du journal *Le Monde* plus habitué aux formats longs. Les enquêtes sont la marque de fabrique de Mediapart depuis son lancement en 2008. Croyant et pratiquant de l'argumentation précise, de l'investigation rigoureuse, Edwy Plenel a fait de la dénonciation des abus des élites au pouvoir sa raison d'être. Alors pourquoi, par ce message de quelques mots, céder subitement à la facilité ? Pourquoi tomber dans le piège du format ramassé qu'impose le réseau social Twitter qui conduit au raccourci dangereusement démagogique et populiste : les gentils travailleurs et les méchants patrons... Un message isolé et finalement anecdotique.

Certains perçoivent malgré tout cette publication comme le symbole d'une lente dérive du journaliste depuis son départ du *Monde*, où sa solide réputation s'est forgée autour de révélations qui ont fait trembler le sommet de l'État. Éric Dupond-Moretti, encore avocat, déclarait par exemple au sujet du traitement par Mediapart de l'affaire des dîners luxueux de François de Rugy à la table de la présidence de l'Assemblée nationale : « C'est tellement facile de dire qu'un repas coûte un millier d'euros pendant que des gens modestes ne peuvent pas boucler leurs fins de mois. C'est du populisme à deux balles ! » D'autres ont évoqué une « chasse aux sorcières » et des méthodes « fascistes » au moment de l'affaire Fillon. A-t-on affaire à un organe de presse qui verse dans le populisme journalistique, collant au train d'une opinion en quête de toujours plus de transparence de la classe dirigeante ? Ou de responsables en lutte personnelle contre la demande de transparence toujours plus grande de la société vécue comme du voyeurisme ?

Mediapart, comme *Le Canard enchaîné*, appartiennent à ces médias qui, de façon sérieuse ou ironique, se sont donné un ton et un rôle de procureur, entretenant une musique de fond à propos d'élites seulement intéressées par le pouvoir et sa conservation, prêtes pour cela à toutes les turpitudes, au renoncement idéologique et à l'affaissement moral, en un mot à la trahison, des valeurs ou des lois. Et, si l'on en croit leur solidité économique, le public y croit. En ce sens, ils peuvent se rapprocher du rôle qu'entend jouer *Valeurs actuelles*, mis de côté la ligne politique. Et autre différence notable, le rapport à la justice. Mediapart envoie des élus au tribunal quand l'hebdomadaire est, lui, parfois sur le banc des accusés.

La déferlante jaune sur les médias

Sud Radio a-t-elle perdu le nord ? Ou *a minima* son objectif originel... L'ambition affichée par Didier Maïsto, quand il prend la tête de l'entreprise en 2014, semble pourtant sans ambiguïté. Il entend faire de cette station, alors basée à Toulouse, un média généraliste, avec la prétention de diffuser une « parole libre », dans le respect de toutes les lois. Sept ans après, les plans ont changé radicalement. La rédaction a quitté la région Occitanie pour s'installer dans le sud... de Paris ! Et l'ancien reporter au *Figaro* a visiblement changé aussi d'avis, lui qui revendiquait ne pas vouloir de journalisme militant à l'antenne, se répand sur les réseaux sociaux pour dire son empathie vis-à-vis des Gilets jaunes. Sud Radio est d'ailleurs le premier média à donner la parole à Priscillia Ludosky, une des initiatrices du mouvement. La ligne éditoriale est redéfinie : « être la radio des représentés, pas celle des représentants », suivant la vague de la contestation. Nouvelle étape en mars 2019, Étienne Chouard, conspirationniste assumé, proche de la mouvance d'extrême droite soralienne, promoteur du référendum d'initiative citoyen, obtient l'animation sur Sud Radio d'une émission de débat d'opinions. En banalisant le complotisme, Didier Maïsto verse dans le populisme médiatique, alors qu'il assurait pourtant, en prenant ses fonctions de direction, – qu'il quittera à l'automne 2020 – ne pas vouloir prendre les auditeurs pour des idiots.

Grandeur et déliquescence. Comme celle de *France-Soir,* qui perd sa rédaction et son statut d'entreprise de presse en 2019, après un changement de propriétaire. S'appuyant sur l'image de la marque restée iconique, la nouvelle direction lance un site internet qui se présente comme un « média libre et indépendant » qui diffuse toutes sortes d'informations complotistes. La ligne est résumée par le titre du manifeste : « Nos experts c'est vous. » Autre temps autre plume, on est loin de l'esprit et du style de Pierre Lazareff quand il fonde en novembre 1944 ce qui allait être le premier quotidien français. On y trouve aujourd'hui des articles de « lecteurs-contributeurs » de qualité inégale et plus que discutables sur le fond. Du populisme de bas niveau qui vire à l'appel au coup d'État quand Francis Lalanne publie une tribune appelant les militaires à se soulever contre Emmanuel Macron. Le chanteur ne fera pas bouger les militaires mais ses écrits pourraient le conduire au tribunal.

Autre média audiovisuel touché par le variant jaune : RT France. L'antenne disponible gratuitement sur les box et les réseaux sociaux propose, chaque samedi pendant la crise, un flux d'images en direct des cortèges, affiché comme sans filtre ni censure, en opposition aux autres télévisions censées être sous l'emprise du pouvoir. Du pur manichéisme médiatique, qui rencontre toutefois un large public. Au cours de cette période, le média d'information financé par Moscou a totalisé 600 000 abonnés à sa chaîne sur YouTube, davantage que bon nombre de médias français. Un membre du CSA s'inquiète, au moment fort de la crise, de ce que RT France soit une plate-forme ouverte à l'expression de la haine antisystème, rapporte *Le Figaro*. Un outil de déstabilisation du pouvoir sûrement et de désinformation, assurément. L'ONG Avaaz a analysé les 100 fausses nouvelles les plus diffusées sur les espaces de partage en ligne, du 1er novembre 2018 au 6 mars 2019. Partagées 4 millions de fois, elles ont été visionnées sur les plateformes de RT France plus que sur n'importe quel autre média : *Le Monde*, *L'Obs*, Le Huffington Post, *Le Figaro* et France 24 combinés.

Et quand la ministre Marlène Schiappa et le secrétaire d'État et porte-parole du gouvernement Gabriel Attal suggèrent, très sérieusement, que Cyril Hanouna, animateur de la chaîne C8, arbitre le débat de l'élection présidentielle entre les deux tours du scrutin en 2022, dans quel registre doit-on classer cette proposition ? Du pur opportunisme pour s'assurer les faveurs d'un présentateur ? La star des soirées de la chaîne du groupe Canal+ est, il est vrai, très populaire auprès des jeunes mais aussi des Gilets jaunes qu'il a, le premier, invités sur son plateau pour débattre avec des représentants du gouvernement. Son talk-show balaye en revue tous les sujets du moment : « des enjeux politiques, des enjeux de société, que beaucoup de Français regardent », selon les mots du porte-parole du gouvernement, meilleur attaché de presse de l'animateur... Cette déclaration, si elle est exacte factuellement, vient toutefois consacrer un programme adepte du buzz et du scandale. Mais finalement, fermez le ban... Prudent, l'animateur de C8 fait savoir qu'il refuse la proposition et ferme aussi la porte à une candidature présidentielle que certains imaginent alors pour lui... Mais, comme il est difficile de prévoir l'avenir en télévision, le #Hanouna2022 reste toutefois pertinent. Car grisé par l'audience de ses émissions en présence de Gilets jaunes et d'antivax ou de covido-sceptiques mêlés à des politiques, Cyril Hanouna entend bien renouveler ce genre d'expérience lors de la campagne, en confrontant des Français forcément d'en bas à des dirigeants au sommet de l'État. L'invitation au Président est ainsi lancée...

Des réseaux sociaux 1.0 au populisme 2.022

La crise sanitaire percute déjà de plein fouet le scrutin présidentiel de 2022. La distanciation sociale, et son lot imposé de gestes barrières, modifie en profondeur, et sans doute pour longtemps encore, les contacts humains et la façon de faire de la politique. Moins de poignées de main et de meetings sous les préaux. Mais toujours plus de posts et de boucles de messages sur les réseaux. Rien de si nouveau, finalement. Ségolène Royal, en 2007, marque déjà les esprits avec son réseau social participatif « Désirs d'avenir ». Sa plateforme collaborative, en prise directe avec ses sympathisants, lui permet, avance-t-elle, de mieux répondre aux attentes des Français. Une « ubérisation » du projet présidentiel calibré à la demande des électeurs ou la désintermédiation en marche. La demande de sécurité. Virage à droite. La force du nombre s'impose. La démocratie participative est une façon de coconstruire une offre politique ; le populisme transforme, lui, directement la demande en offre. En 2012, le candidat de la droite républicaine se mue en influenceur-star en quête de likes. Pour être tendance, il est nécessaire de s'adresser directement à sa communauté. En poussant la porte du QG de campagne de Nicolas Sarkozy, le visiteur peut lire le slogan : « Je clique, j'aime, je vote NS2012. » La politique en raccourci. Cinq ans plus tard, cette dérive personnelle, loin d'être interrompue, s'accélère de façon exponentielle du fait de la digitalisation de la société. La campagne est ultraciblée, presque individualisée. Les militants et les porte-parole sont quant à eux relégués au second rang, derrière des candidats qui se démultiplient, aidés en cela par de nouveaux outils. C'est par exemple Emmanuel Macron qui vient frapper à la porte de millions de Français avec sa grande marche numérique. Ou Jean-Luc Mélenchon qui tient le même discours, au même instant, mais dans deux lieux différents, à Paris et à Lyon grâce à la magie de son hologramme.

Alors que les Français deviennent de plus en plus adeptes des réseaux, selon une enquête menée par Louis Harris Interactive en juin 2020 – près de 40 % des internautes se sont créé un compte sur un réseau social ou une messagerie instantanée pendant le confinement –, la tendance en 2022 devrait être encore plus affirmée. Un risque qui n'est pas sans danger. Le sociologue Gérald Bronner s'intéresse à la manière dont nos cerveaux sont sollicités par les nouveaux canaux d'information et fait ce constat : « Toutes les têtes de pont du néo-populisme, Trump, Bolsonaro, Orbàn ou Beppe Grillo, s'adressent à ceux qu'ils croient être le peuple en pratiquant la désintermédiation, c'est-à-dire en enjambant les "gatekeepers" traditionnels, en utilisant Twitter ou YouTube pour s'adresser directement à la population. En revendiquant ce faux "bon sens", en allant contre la science, en sollicitant systématiquement nos instincts, ces leaders s'appuient méthodiquement sur les traces obsessionnelles que nous laissons dans le monde numérique[1]. »

Quand la radicalité n'a rien de virtuel

Internet n'est plus que l'ombre de sa promesse initiale. « Le temps des regrets est arrivé », constate le journaliste Bruno Patino en 2019 dans son essai sur *La Civilisation du poisson rouge* (Grasset), en référence à l'incapacité pour l'animal de fixer son attention au-delà de huit secondes. L'auteur fait le constat implacable que l'utopie des débuts du Web est bien loin. Entre l'addiction toujours plus grande aux écrans et la multiplication du chevauchement des activités. Faites le test : combien d'applications sont-elles ouvertes en ce moment sur votre smartphone ? Une société digitalisée qui nous rapprocherait de la vie dans un bocal... Le temps de concentration de la génération des millennials, ceux nés entre 1980 et 2000, ne dépasse plus les dix secondes en continu.

Internet avait pourtant un projet à vocation universelle, construit sur un fonctionnement en réseaux et sans notion de propriété, espace autogéré, avec comme principe fondateur et clé, celui de l'échange, de l'entraide, de la gratuité. Un esprit collectif et progressiste qui a de quoi séduire n'importe quel hippie ou altermondialiste. Héritage

1. Gérald Bronner, *L'Apocalypse cognitive,* PUF, 2021.

technologique des Lumières, une connaissance illimitée et sans frontière, une conscience universelle potentiellement synchronisée – comme la pandémie l'a illustré. Naturellement, les différentes sensibilités de la sphère politique à gauche sont séduites et accompagnent le mouvement en s'y exprimant largement. Le point d'orgue étant la campagne en faveur du non au référendum sur la Constitution européenne, en 2005. Une étude du spécialiste des réseaux Guilhem Fouetillou[1] propose une photographie de cette bataille électorale numérique. Dans le camp des partisans du non, 74 sites de partis politiques sont recensés. Leur répartition, selon leur couleur politique, est sans équivoque sur la tonalité générale du non sur le Web : 30 % se situent à gauche, 39 % à l'extrême gauche, et 13 % appellent à un vote unitaire de toutes les gauches. Le non sur le Web est donc, sans conteste, un non de gauche à plus de 82 %.

Mais la dynamique s'est ensuite inversée. Les sites et les blogs ont laissé place aux réseaux sociaux, créateurs et diffuseurs exponentiels de données et d'opinions. Le point de vue individuel s'est imposé au détriment de la recherche d'un consensus collectif. Un renouvellement révolutionnaire qui laisse de côté des journalistes professionnels le plus souvent dépassés, encombrés par la contrainte de leur format et les exigences de leur métier : la vérification des sources, la hiérarchie de l'information,

1. Guilhem Fouetillou, « Le web et le traité constitutionnel européen. Écologie d'une localité thématique compétitive », *Réseaux*, 2008.

la responsabilité vis-à-vis de l'audience. En quelques années, les contenus les plus extrêmes ont donc explosé en ligne, alors qu'ils étaient jusqu'ici cantonnés à quelques estrades et cercles restreints, accessibles dans des librairies spécialisées ou à l'occasion de conférences d'initiés. Avant la présidentielle de 2012, *Le Monde* constate ainsi l'émergence d'une « droitosphère » qui prospère alors *via* des sites à l'audience toutefois encore confidentielle. Neuf ans plus tard, le quotidien révèle une note des services de renseignement où l'on peut lire : « L'extrême droite violente a massivement investi Internet et l'ensemble des plateformes numériques. » Le noyau dur des militants s'élèverait entre 1 000 et 2 000 personnes en France, très influents sur une galaxie de sites et de forums, et particulièrement actifs sur YouTube afin de recruter de nouveaux soutiens, notamment chez les jeunes. Quant à elle, la gauche progressiste et humaniste a perdu la bataille culturelle des réseaux, n'ayant pas réussi à trouver le bon niveau et le juste format de discours fondés sur la pédagogie, l'argumentation pour contrer ceux qui se fondent sur l'émotion, l'amalgame, la simplification voire la désinformation. Selon une étude de *Nature*[1], les fausses informations se diffusent significativement plus rapidement, plus loin, et plus largement que les faits vérifiés et sourcés. Prenant pour champ d'analyse Twitter, ces chercheurs ont démontré que les fake news ont 70 % plus de chance d'être reprises alors que les vraies informations mettent six fois plus de temps pour atteindre 1 500 personnes. Cette vitalité se nourrit

1. Étude du MIT, *Nature,* 2018.

des défaillances de la rationalité. Les rumeurs jouent sur la simplification, la nouveauté et les émotions pour capter l'attention. Elles s'appuient sur l'illusion de corrélations entre des événements faiblement connectés. La Silicon Valley démocrate aura ainsi créé les armes de ses propres ennemis.

Au moment d'un scrutin, la tension redouble d'intensité. Et les fausses informations peuvent être aussi lourdes pour la vie politique. Emmanuel Macron en a fait l'expérience en 2017, dans la dernière ligne droite de la campagne présidentielle. Quelques jours avant l'ouverture du vote, il porte plainte contre une fausse information diffusée sur les réseaux et évoquée, brièvement, par Marine Le Pen lors du débat de l'entre-deux-tours. La candidate FN s'interroge ouvertement sur l'existence d'un compte offshore ouvert aux îles Bahamas au nom d'Emmanuel Macron. L'avant-veille du scrutin, l'équipe du candidat En Marche ! est la cible d'un piratage massif organisé par un groupe d'activistes, opérant visiblement depuis l'étranger. Des milliers de messages liés notamment au financement de la campagne sont diffusés publiquement et relayés opportunément par certains militants réputés proches du Front national. Quand le numérique vient torpiller la démocratie. Autre coup de force, aux États-Unis, avec une conséquence dramatique cette fois. Le 6 janvier 2021, des milliers de militants radicaux prennent d'assaut le Capitole à Washington, pour contester la certification du résultat de l'élection présidentielle américaine de 2020 et la victoire du démocrate Joe Biden. L'activisme de Donald Trump, avant, pendant et après le scrutin, répandant des centaines de fake news sur tous les réseaux, a eu pour conséquence d'hystériser le débat, contribuant à exciter ses partisans. Une offensive sur Twitter ou Facebook bien accompagnée par quelques organisations conspirationnistes et ultraconservatrices, comme QAnon ou le Tea Party qui ont fini le travail de mobilisation du camp de l'ancien président. Quand le « slacktivisme » terme qui peut se traduire par « cybermilitantisme paresseux », car effectué confortablement derrière un écran, se transforme en insurrection bien réelle dans la rue, à deux doigts de faire vaciller un pays qui aime se voir et être vu comme la plus grande démocratie au monde.

Le populisme en algorithmes

Impossible d'évoquer les hébergeurs sans aborder leur raison d'être. Pour générer toujours plus de profit, les plateformes ont mis au point une mécanique algorithmique, au paramétrage gardé secret, qualifié par certains de piège à clics, et qui provoque ce désir incontrôlable et insatiable de lire un message en plus, ou de consulter une nouvelle vidéo... L'utilisateur ayant alors un sentiment de dépossession, comme si son cerveau était pris en otage. Joseph Vogl, professeur à l'Université Humboldt de Berlin, nous invite, avec ses travaux sur le sujet, à rapprocher les réseaux sociaux des marchés financiers. Selon lui, « depuis la création des premières places boursières du XIIe siècle, nous savons que ce ne sont pas les faits, mais les perspectives des faits qui jouent un rôle central. Le marché est excité par les informations entrantes, qui peuvent être de simples rumeurs, des faits ou des évaluations de ces faits ». Les fluctuations des marchés sont indissociables de ce flux d'information, au débit estimé qui provoque une « excitation productive ». Le parallèle est évident. Les plateformes des réseaux sociaux sont des places où l'échange est celui non pas des actions mais des opinions, régulées par des algorithmes. Ceux-ci essaiment bien au-delà de ce que représentent réellement les fausses informations ou les arguments les plus radicaux. Produisant le même effet qu'une rumeur de marché, même la plus insensée, qui fait bondir à la hausse ou à la baisse la valeur cotée d'une entreprise. « On sait par exemple que sur YouTube, 70 % des milliards de vidéos vues chaque jour ne sont pas le résultat d'une recherche, mais d'une recommandation de la plateforme. Or, celle-ci met en avant des contenus qui vous incitent à regarder et à cliquer. Et en la matière, le discours complotiste est sans égal puisque sa nature est d'être inattendu, à contre-courant, dérangeant voire choquant », constate Tristan Mendès France, maître de conférences associé à l'université Paris-Diderot et spécialiste du numérique. Si l'universitaire, qui collabore à l'Observatoire du conspirationnisme, voit surtout la finalité commerciale et non pas politique de l'entreprise américaine, tous les moyens sont cependant à sa disposition pour « éditorialiser » le monde, sans trop avoir à craindre de l'ingérence d'un régulateur tiers.

Régulation, l'impossible équation ?

Alors que le bilan des violences à Washington s'élève à quatre morts parmi les émeutiers, en France, la classe politique observe cet événement avec incrédulité et une certaine inquiétude. Cela pourrait-il avoir lieu en France ? La prochaine campagne présidentielle peut-elle être source de tensions physiques ? Le délégué général du parti présidentiel, Stanislas Guerini, ne s'affiche pas très optimiste, dans une tribune que publie *Le Monde* le 13 janvier 2021 : « Faut-il attendre que le sang coule pour enfin s'inquiéter du dommage des discours populistes sur la démocratie ? » L'organisation américaine QAnon dispose bien de quelques relais en France : Qactus, QAnon-FR, Les DéQodeurs... Et les thèses complotistes défendues trouvent un écho auprès de certains proches du mouvement des Gilets jaunes ou parmi la nébuleuse « covido-sceptique ». Signe des doutes au sommet de l'État, et surtout pour mesurer l'ampleur de ce phénomène, l'exécutif lance au début de l'année 2021 une mission d'étude des dérives sectaires. L'objectif est de cartographier, répertorier et ainsi mieux surveiller cette galaxie complotiste et radicale, potentiellement dangereuse pour la démocratie.

Pour limiter la diffusion des thèses extrémistes, Gérald Bronner estime qu'« il faut inventer une nouvelle forme de responsabilité numérique, liée au nombre de personnes qui vous suivent[1] ». Mais quel traitement réserver aux personnalités politiques de premier plan, forcément

1. « La radicalité pousse au conspirationnisme », interview de Gérald Bronner, *Zadig*, n° 10, été 2021.

très suivies ? Jair Bolsonaro, Donald Trump, Matteo Salvini pratiquent, au-delà de leur populisme idéologique, le même usage frénétique des réseaux sociaux, leurs comptes étant suivis par des millions d'abonnés. Aucun de ces leaders ne s'affranchit pour autant totalement des meetings conventionnels. Aucun ne zappe le petit écran. Mais c'est d'abord à coups de messages et de photos postés à toute heure de la journée qu'ils réussissent à créer un lien personnel et puissant avec leur communauté, acceptant de livrer au diktat du « like » un peu de leur vie privée. Marine Le Pen s'y prête, elle aussi, volontiers, n'hésitant pas à afficher son amour pour les chats. Mais si un animal à quatre pattes ne renversera jamais les institutions, à quelles réactions faut-il s'attendre quand c'est le discours du maître qui se durcit ? Doit-on le laisser libre de s'exprimer, en appliquant un niveau de modération proportionnel au nombre d'abonnés ? Fallait-il, par exemple, suspendre le compte Twitter et la page Facebook de Donald Trump, une semaine avant le rassemblement de Washington plutôt qu'*a posteriori*, après le chaos ? Est-il raisonnable de laisser, seuls, les géants de la tech, l'initiative et la responsabilité de la censure ou de la modération ? Et sur quelle base appuient-ils leurs décisions ? Jusqu'où aller dans la modération, au risque que les dispositions prises soient jugées liberticides ?

Répondre à toutes ces questions consiste bel et bien à réguler, à surveiller sans bâillonner. La vigilance plutôt que la censure. Être dans la nuance, tant les clivages sont forts et les positions en la matière dogmatiques. La « culture du clash » s'est imposée partout. La majorité présidentielle tente toutefois de trouver ce délicat « en même temps » dès le début de son mandat, en juillet 2018, avec une loi baptisée « anti-fake news ». Le texte prévoit la possibilité de saisir, en période électorale, un juge pour faire supprimer sous quarante-huit heures de fausses informations qui pourraient altérer le scrutin. Une initiative du gouvernement immédiatement vue, par une partie de l'opinion et de l'opposition, comme une tentative de censure indirecte. « Infantilisation des Français. Restriction des libertés fondamentales. Inflation législative. Engorgement des tribunaux. Cette proposition de loi n'a quasiment que des défauts majeurs de conception et devrait indigner l'ensemble de la classe politique », affirme Marine Le Pen[1]. Le Conseil constitutionnel y va aussi de sa réserve concernant, notamment, la définition des fausses nouvelles. Les mêmes acteurs font part de leurs inquiétudes, moins d'un an plus tard, en avril 2019, au moment de la proposition de loi contre les contenus haineux sur Internet, qui vise à instaurer une obligation de retrait de contenus par les plateformes. Une contrainte pour les hébergeurs qui, par effet de balancier, peut se révéler être contre-productive en accentuant la déresponsabilisation des utilisateurs. Autre conséquence indirecte en censurant une personne physique ou une organisation à la suite d'opinions exprimées qui contreviennent à une charte ou à la loi... l'exode vers un nouvel eldorado, selon le principe des vases communicants. Quand

1. « Je suis prête à une cohabitation avec Macron », interview de Marine Le Pen, *Causeur*, février 2019.

Facebook et Twitter annoncent la fermeture de dizaines de milliers de comptes réputés pro-Trump, après les événements du Capitole, dans les heures qui suivent, Telegram gagne plus de 25 millions d'abonnés. Il existe aujourd'hui plusieurs dizaines de réseaux, dont certains ont vocation à récupérer les bannis des canaux généralistes. Le risque est grand de voir « ces exclus se retrouver uniquement entre eux, sur des sites dits alternatifs, sans aucune contradiction, où l'on peut ensuite observer un phénomène d'accentuation des dérives extrémistes », avertit Tristan Mendès France. Même si, malgré tout, « le but de ces militants demeure de parler largement au peuple et de le convertir à leurs idées, pas de rester dans un huis clos de radicaux déjà conquis, même si la toxicité des propos est corrélée à leur visibilité ». Pour répondre à cette problématique, et tenter de mettre un terme à cette dérive, Paula Forteza, députée indépendante des Français d'Amérique latine et des Caraïbes, et rapporteure de la loi sur le Règlement général de la protection des données, suggère un changement radical d'approche. Dans une note de la Fondation Jean Jaurès publiée en décembre 2020, elle estime nécessaire d'arrêter de considérer ces réseaux sociaux comme des médias traditionnels – ce qu'il ne sont pas –, avec les obligations éditoriales et les responsabilités sur les contenus individuels qui en découlent. On ne traite pas ce qui est écrit sur Twitter de la même manière que la rubrique du courrier des lecteurs d'un quotidien de la presse écrite. L'auteure de la note juge qu'il faut apparenter ces plateformes à des « espaces publics », car les hébergeurs, « en accueillant des millions de citoyens français sans barrières à l'entrée, en ont adopté les principales caractéristiques ». Une logique qui permet ainsi de préserver un cadre de libre expression et décentralisée, tout en attribuant une responsabilité d'intérêt général, susceptible de renverser le secret des affaires. L'objectif étant de faire en sorte de lutter contre la propagation rapide de certains contenus problématiques plutôt que de vouloir les censurer dès leur apparition. Mais un dérivé de ces réseaux inquiète plus encore aujourd'hui Tristan Mendès France. Une menace moins visible, mais qui vient aussi alimenter le flux d'opinion populiste.

Réseaux : les angles morts de la radicalité

WhatsApp plus fort que Facebook ? Telegram et Signal plus puissants que Twitter et TikTok ? Toutes les études semblent le démontrer, le futur de la communication sociale passe dorénavant en mode privé. À la différence des messages publiés sur les réseaux sociaux réputés « ouverts » et visibles de tous, sans restriction (Facebook, Twitter, Instagram, TikTok...), les discussions sur le « dark social » (WhatsApp, Telegram, Signal...) se passent à bas bruit, de façon cryptée et sécurisée. Avec un succès retentissant. Quand Twitter revendique 320 millions au début de l'année 2021, Telegram annonce avoir franchi le cap des 500 millions d'utilisateurs actifs, dont 25 millions gagnés dans les heures qui ont suivi l'envahissement du Capitole. Marion Maréchal a elle rejoint le réseau Parler en juillet 2020 « pour contourner la censure de Twitter », assure-t-elle. Ces outils d'échange sont utilisés à des fins de propagande et d'influence, parce qu'ils passent sous les radars de la modération des plateformes. « Les thèses complotistes et les infox s'y répandent comme une traînée de poudre. Sans limite ou presque. Derrière ces idées, on retrouve les opposants au port du masque, les antivax, des Gilets jaunes qui font de l'entrisme dans certains réseaux comme ceux des parents d'élève par exemple », observe Tristan Mendès France. Des personnalités politiques comme Nicolas Dupont-Aignan ou Florian Philippot, qui ne peuvent s'appuyer sur une base militante puissante, ont très vite compris l'intérêt pour eux d'être visibles et actifs sur ces chaînes où les discours complotistes peuvent ensuite mener vers les candidatures populistes qu'ils incarnent.

Autre angle mort du Web, inquiétant aussi car échappant à l'indexation des moteurs de recherche comme Google : les jeux vidéo et leurs forums associés. Rien de très nouveau pourtant. Le FN et LFI observent ce terrain depuis longtemps et tentent, parfois maladroitement, d'y prendre pied. Comme lors de la dernière élection présidentielle, quand le Front national lance *Marine 2017 : Le Jeu*. Les joueurs insoumis peuvent, eux, lancer une partie de *Fiscal Kombat*. Pas question, d'un côté comme de l'autre, de risquer le *game over*. Ces héros, à l'effigie des deux candidats, ne meurent jamais et font gagner la France assez facilement. Offrant chacun un visage flatteur à leur combat, et donnant dans le même temps une vision assez caricaturale des oppositions. « *Populism player... shoots again...* » L'autre lame de fond presque invisible de cet univers « geek » prend racine sur les forums de discussion. Celui de Twitch, destiné à sa création en 2011 à la diffusion de parties de jeux vidéo, a été récemment investi par les militants politiques et quelques personnalités qui viennent y débattre, sur des espaces et des chaînes dédiés, de tous les sujets du moment. Jean-Luc Mélenchon est l'un des plus anciens et des plus actifs, faisant visiblement peu de cas du rachat de cette plateforme par le géant américain Amazon en 2014, qu'il aime pourtant décrier. Il faut dire que Twitch a de solides atouts. En France, il y avait, en 2020, cinq millions de visiteurs mensuels en moyenne, en hausse de 40 %, sur quelques mois. Dont la moitié entre 18 et 35 ans. En âge de voter donc. Autre cible de choix pour les politiques : les forums du site Internet jeuxvideo.com. En 2012, David Rachline, alors coordinateur de la campagne Web de Marine Le Pen, explique au magazine *GQ* qu'une vingtaine de bénévoles du FN ont alors pour mission de « participer activement » aux discussions sur jeuxvideo.com. Ces espaces, dont certains sont aussi dédiés à l'actualité, sont parfois si fréquentés qu'ils sont presque impossibles à modérer par les équipes de l'hébergeur. Si on y trouve des informations de qualité, y circulent aussi de fausses informations, des canulars grossiers, des thèses complotistes, des propos racistes et antisémites. Si tous les propos contraires aux règles du droit sont bannis... ils le sont souvent trop tardivement. Laissant le doute, le flou perdurer, des heures ou des jours durant. Si un rectificatif est ensuite apporté, le mal est fait. Durablement.

La chasse aux voix est donc ouverte au sein de ces espaces, et le Rassemblement national comme La France insoumise ont déjà dans leur viseur tout ce qui ressemble, de près ou de loin, à un électeur, faisant peu de cas des zones préservées jusqu'ici des joutes politiques. Et dans le camp du président de la République, comme au sein de la gauche de gouvernement et de la droite républicaine, on semble regarder les balles filer, en se demandant s'il n'est finalement pas déjà trop tard pour s'engager... En 2002, Jacques Chirac, alors président de la République, déclarait « notre maison brûle, et nous regardons ailleurs ». Il était alors question du réchauffement climatique. En 2022, la fièvre ne devrait pas retomber car le virus du populisme flambe en faisant monter la température partout sur les réseaux sociaux et les forums des jeux vidéo... *Game over* ?

La technologie a toujours suscité des craintes, alimenté des peurs, notamment celle de contribuer à une déshumanisation de la société. Ce procès existe depuis toujours. Le numérique vient toutefois percuter frontalement l'esprit de la démocratie et ses équilibres. D'abord par les intrusions qu'il permet désormais, dans une sorte de sabotage venu d'ailleurs, dont les élections françaises et américaines ont déjà fait les frais. Ensuite par la dévalorisation de la connaissance et du débat public qu'il a contribué à orchestrer. La civilisation du poisson rouge – c'est-à-dire un temps de concentration et de réflexion humaines ramené en moyenne à neuf secondes – et la culture du clash comme facette d'une même médaille. Le numérique peut être un formidable allié pour la démocratie et l'affirmation d'une conscience universelle. Ou pas.

III

LA FABRIQUE DE LA DÉMOCRATIE

2007, le populisme en germe : quand le rejet du système fait système

En 2007, Jacques Chirac termine son second mandat sans conviction ni ambition. Affaibli physiquement par sa santé et le poids des affaires politiques qui pèsent sur la fin de son quinquennat. Crépusculaire, comme le fut la fin de celui de son prédécesseur. Élu avec un score inégalé sous la Ve République, dont même son modèle le général de Gaulle n'aurait osé rêver, il n'a pas su incarner le rassemblement que les conditions de sa réélection imposaient. Dominique de Villepin gère les affaires courantes depuis Matignon sans envie, après avoir dû renoncer définitivement à ses ambitions présidentielles. Le feuilleton « Clearstream » a abîmé tout le monde.

Le coup de tonnerre de 2002 est encore dans toutes les têtes : Jean-Marie Le Pen entame sa cinquième campagne et apparaît alors comme le plus expérimenté des candidats en lice. Une question se pose pour tous les observateurs et acteurs de la vie politique : âgé de plus de 70 ans, est-il en mesure de rééditer l'exploit d'une qualification au second tour cette fois encore, ou le sursaut produit cinq ans plus tôt a-t-il permis de monter une digue républicaine qui tient toujours ?

Ce scrutin pour le parti d'extrême droite est aussi synonyme d'un passage de témoin. La fille de Jean-Marie Le Pen, Marine, fait ses premiers pas en politique. Elle officie alors dans l'ombre du père, en tant que directrice de campagne. Mais son influence sur la ligne du mouvement est déjà perceptible. Alors que Nicolas Sarkozy cherche, dans ses discours, à séduire l'électorat frontiste sur la question migratoire, Jean-Marie Le Pen délaisse quelque peu les fondamentaux racistes et traditionalistes du FN pour l'ouvrir à un électorat plus divers. Le propos se focalise moins sur la dénonciation de la figure de l'étranger que sur la promotion d'une assimilation ferme : « La France, ça s'hérite ou ça se mérite », peut-on lire sur certaines affiches qui reprenaient jusqu'ici le classique « ni droite, ni gauche ». En 2007, Marine Le Pen a ouvert la bataille contre le communautarisme. *Les germes de la dédiabolisation.*

Ce qui frappe surtout, dans cette campagne, c'est la façon dont les candidats « mainstream », ceux qui apparaissent par leur parcours et leur affiliation partisane les mieux placés pour l'emporter, font évoluer leur positionnement, leur champ lexical, leurs programmes, leurs postures. Un petit glissement, déjà, s'opère, comme si l'empreinte du Front national et du style Le Pen obligeait tout le monde à modifier sa façon de faire.

François Bayrou : « la voix du peuple » sur son tracteur

En effet, les Français semblent alors placer leurs espoirs dans les candidatures issues des deux principales forces politiques du pays : Ségolène Royal pour le Parti socialiste et Nicolas Sarkozy pour l'UMP. Même s'ils ont déjà l'un et l'autre un parcours politique nourri, chacun concourt pour la première fois à la magistrature suprême, faisant souffler sur cette campagne un air nouveau. Un troisième acteur, rompu à la présidentielle, tente de perturber ce duel annoncé : le candidat centriste, François Bayrou. Pour se démarquer de ses deux concurrents, il décide de jouer la carte de l'ancrage dans les territoires. Lui, l'élu du canton de Pau, l'homme du Béarn, éleveur de chevaux, fils d'agriculteur, fait valoir, plus que de raison, ses origines paysannes et le bon sens qu'il est censé en tirer. Il n'hésite donc pas, pendant cette campagne, à s'afficher au volant de son tracteur. Visiblement pas suffisant : il demeure, dans l'esprit des Français, le candidat du camp des « modérés ». Lors de ses meetings, il choisit alors de hausser le ton, lançant à ses soutiens qu'il est celui qui porte « la voix du peuple » dans cette campagne : « Ce que nous avons à conduire, c'est une révolution paisible, mais une révolution quand même. » Une inspiration « révolutionnaire » que ne boudera pas Emmanuel Macron, au moins en librairie, dix ans après. François Bayrou, politique aguerri, agrégé de lettres classiques et féru d'histoire, connaît le poids et la trace des mots. Surtout ceux prononcés sur les estrades. En puisant ainsi dans l'appel au peuple et au mythe révolutionnaire, il réactive de vieux ressorts et entend séduire les abstentionnistes autant que les électeurs qui ont fait, cinq ans auparavant, le choix des extrêmes. Sa candidature a l'ambition de rompre avec la traditionnelle alternance droite-gauche qui régit le pays depuis 1981. Il dénonce d'ailleurs le « monopole à deux », le tandem « UMP-PS », reprenant la sémantique antisystème du Front national. Un populisme soft et une stratégie dégagiste avant l'heure qui rencontre un fort écho dans l'opinion, lui faisant faire un bond significatif dans les sondages. Un « effet gifle », aussi : celle que le candidat assène lors d'un déplacement à un jeune adolescent en train de fouiller sa poche de costume. Alors qu'il ne recueille qu'entre 7 et 9 % d'intentions de vote à la fin de l'année 2006, trois mois plus tard, certaines études le placent à égalité avec Ségolène Royal, qui culmine à 23 % d'intentions de vote. Il termine finalement à 18,57 %, triplant son résultat de 2002 (6,84 %). L'émergence de l'extrême centre.

Autre emprunt du candidat de l'UDF dans le vestiaire du candidat populiste : la dénonciation du système médiatique. Lors d'un déplacement aux Antilles, dans les derniers jours de la campagne, François Bayrou sent compromise sa qualification pour le second tour. Coup tactique, il s'en prend alors aux « journaux de la pensée unique », accusés, selon lui, de ne se focaliser que sur le match entre Nicolas Sarkozy et Ségolène Royal, « avant même leur adoubement officiel ». Une ultime charge, par dépit, mais aussi par cohérence stratégique. Car sa dénonciation du système médiatique commence dès son entrée en campagne, lors d'un coup d'éclat prémédité au journal de 20 heures de TF1. À l'occasion d'une interview en direct et en duplex, il lance à Claire Chazal, qui officie aux commandes du journal télévisé, dans des termes que n'aurait pas reniés Jean-Luc Mélenchon : « Les grands médias ont orchestré pour les Français un choix dicté à l'avance. L'argent et la politique doivent être séparés, notamment lorsque des puissances économiques détiennent de puissants médias. » Une intervention immédiatement reprise et relayée sur Internet par l'équipe de campagne du candidat centriste. « Les riches puissants » contre « les petits et les sans-grade », ou le Che Guevara des Pyrénées.

François Bayrou dispute à Nicolas Sarkozy ce vote de la France d'en bas, des provinces et du travail. Ce n'est pas un poisson d'avril mais un marronnier populiste : le 1er avril, depuis Fort-de-France aux Antilles, le candidat du MoDem propose, à la surprise générale, de supprimer l'ENA. Un moyen très direct de mettre en cause cette haute fonction publique, quintessence d'élites coupées des réalités. Les mots pour le dire sont sans ambiguïté : « Il faut aller au cœur de ce qui fait que l'État français ne marche pas, au cœur de cette connivence perpétuelle entre les différents partis qui sont installés au pouvoir, les puissances financières, économiques, qui sont leurs amis de classe et leurs amis de caste. » En résumé : rien ne marche, et cette faillite générale est le fruit d'un entre-soi. Les puissants, les castes, l'État profond... Quand il prononce ces mots, François Bayrou n'est pas un jeune premier en politique : ancien ministre de l'Éducation, conseiller général élu pour la première fois en 1982, puis député, mais aussi maire et dirigeant de parti… C'est peu de dire qu'il participe au « système » depuis longtemps… Le populisme est souvent un opportunisme… Le candidat du Front national, Jean-Marie Le Pen, applaudit : cette annonce figure aussi dans son projet présidentiel.

Ségolène Royal : entre « ordre juste » et « FRA-TER-NI-TÉ»

Investie candidate du PS, Ségolène Royal n'est alors pas à la tête de sa formation politique. Peu importe, car l'élue a l'intuition que, pour l'emporter, mieux vaut se tenir à distance d'un vieux parti, pris en étau par des ténors montrant peu d'entrain dans la campagne. En novembre 2006, l'institut Ipsos publie un sondage sur la candidature de Ségolène Royal. Concernant les attraits de cette dernière, 37 % des Français interrogés répondent : « C'est une femme. » Ils sont même 41 % chez les sympathisants socialistes. L'incarnation avant le programme, s'agissant de la première femme en situation de gagner l'élection « reine ». Une donnée qui offre de la liberté à Ségolène Royal dans sa stratégie de campagne qu'elle échafaude loin de Paris. Depuis son fief électoral de Poitou-Charentes, surnommé « Ségoland », elle ne rechigne pas à jouer la carte du terroir et du folklore local. Si elle ne chevauche pas de tracteur, son combat pour les fromages de chèvre a marqué les esprits et planté l'idée implicite que la politique tient davantage à des microcombats locaux qu'à des projets de société globaux. C'est d'ailleurs de là qu'elle lance l'association

Désirs d'avenir, loin des cénacles parisiens. Délibérément, aucune référence idéologique ni partisane n'apparaît dans la dénomination de l'organisation, créée d'abord pour être au service et à l'image de la candidate. L'émotion avant la raison, le ressenti plutôt que l'idéologie, le désir de chacun pour dessiner l'avenir commun. Jamais à court d'idées, elle développe lors de la campagne le concept de démocratie participative, avec un site internet conçu non pas comme un support pour présenter un projet mais imaginé comme une plateforme pour faire remonter des propositions d'électeurs. Le bon sens de la base contre des élites déconnectées des réalités des Français. Ségolène Royal n'est-elle pas alors la candidate du peuple puisqu'elle porte les propositions que ce dernier aura voulu définir ? En meeting, la posture évanescente adoptée d'une madone laïque et moderne ne laisse pas les foules indifférentes. Les observateurs notent également que le « je » y supplante largement le « nous », plus familier à la gauche. Un style dont elle continuera à faire sa marque de fabrique bien au-delà de la présidentielle d'ailleurs. Beaucoup se souviennent ainsi de l'un de ses plus fameux discours, prononcé en août 2010 au Zénith de Paris : c'est dans une sorte de transe qu'il invite alors son public à communier au rythme d'un slogan – « fraternité » – scandé comme pourrait presque le faire le gourou d'une secte. Le nouveau monde en politique quatorze ans avant l'arrivée au pouvoir d'Emmanuel Macron.

Beaucoup a été écrit sur les raisons qui ont conduit à l'élimination au premier tour du candidat socialiste, Lionel Jospin, en 2002. La montée du sentiment d'insécurité en est une, assurément. L'ancien Premier ministre refusant le tournant et la surenchère sécuritaires de la fin de campagne, contrairement à Jacques Chirac et Jean-Marie Le Pen, Ségolène Royal ne l'a pas oublié. Elle en tire même pleinement la leçon : dans son projet, la sécurité tient donc une place centrale. Et l'heure est à la triangulation : Sarkozy s'y adonnera sans retenue une fois élu en multipliant les débauchages des personnalités de gauche ; Royal, plus subtilement, en fait le ciment de son programme, en multipliant les oxymores ou toute formule qui permet d'embarquer les contraires, de parler « en même temps » à la droite et à la gauche. Bilan, la sécurité doit être « durable » et l'ordre « juste ». Il est ainsi à la fois question de prévention et d'encadrement militaire des jeunes délinquants. Et pour prouver qu'elle rompt avec l'angélisme supposé de la gauche à ce sujet, lors du débat de l'entre-deux-tours, une annonce sème le trouble : si elle est élue, toutes les femmes agents de police seront raccompagnées le soir, de la sortie du commissariat jusqu'à leur domicile. Idée saugrenue et démagogique entend-on, même au sein de son parti où l'on découvre avec étonnement une mesure qu'on suspecte la candidate d'avoir improvisée en direct. Tout le monde s'interroge sur sa faisabilité et sur son sens : recruter de nouveaux policiers pour protéger des policiers déjà en poste ? Le débat télévisé est aussi l'occasion d'un vif échange entre les deux candidats, à la faveur d'une « colère », revendiquée pour ne pas dire surjouée par Ségolène Royal, car il est de « saines colères », telle celle que la candidate prétend ressentir comme en écho à celle prêtée au peuple.

Ségolène Royal n'entend pas être davantage dépassée sur le thème de la Nation. Le vendredi 23 mars 2007, à Marseille, devant 7 000 personnes réunies dans la salle du Dôme, elle dit vouloir « que tous les Français aient chez eux le drapeau tricolore ». Et à propos de l'hymne national elle lance : « C'est le chant de la lutte contre toutes les tyrannies [...], il n'est ni sanguinaire, ni xénophobe, c'est le chant de toutes les libertés », invitant à deux reprises son auditoire à reprendre le refrain. Si Ségolène Royal assume le thème de l'identité nationale, l'exaltation des symboles de la Nation n'avait jamais été tentée par un candidat socialiste. Ségolène Royal, huit ans plus tard, ne regrette rien : « Cela fait très longtemps que je pense que, contrairement à ce que croyait la gauche à une certaine époque, la patrie, l'unité nationale, les symboles de la République, *La Marseillaise*, l'ordre juste, sont des repères fondamentaux. »

Nicolas Sarkozy vs *La Princesse de Clèves : 1-0*

Ce 23 février 2006, Nicolas Sarkozy, ministre de l'Intérieur mais déjà quasi-candidat officiel à la présidentielle, rode son discours devant une assemblée de militants UMP chauffée à blanc. Très en verve ce soir-là, il livre une anecdote au sujet des concours de la fonction publique : « L'autre jour, je m'amusais, on s'amuse comme on peut, à regarder le programme du concours d'attaché d'administration. Un sadique ou un imbécile, choisissez, avait mis dans le programme d'interroger les concurrents sur

La Princesse de Clèves. Je ne sais pas si cela vous est souvent arrivé de demander à la guichetière ce qu'elle pensait de *La Princesse de Clèves* ? Imaginez un peu le spectacle. » Rires dans la salle. Démagogie, déconsidération et mensonge en cascade : dénigrer le répertoire classique comme une lubie d'élites intellectuelles déconnectées de la vraie vie ; dénigrer en même temps « l'imbécile » à l'origine de cette idée et la « guichetière » dont l'orateur a l'air de considérer qu'elle n'a pas vocation à s'intéresser à *La Princesse de Clèves* ; enfumage, car le concours d'attaché s'adresse aux cadres d'administration de catégorie A et ne concerne aucunement les fonctions de guichetière. Efficacité garantie néanmoins. Ravi de son effet dans la salle, le candidat des classes moyennes réitère son propos à plusieurs reprises dans la campagne. Dans cette élection, il entend être le candidat du bon sens, affichant son refus de céder le pays aux nostalgiques de Mai 68. Lors de son grand meeting de Bercy, un long passage de son discours revient d'ailleurs sur cette période : « Les héritiers de Mai 68 avaient imposé l'idée qu'il n'y avait aucune différence entre le bien, le mal, le vrai et le faux, le beau et le laid [...] L'héritage de Mai 68 a liquidé l'école de Jules Ferry [...] L'héritage de Mai 68 a introduit le cynisme dans la société et la politique, abaissé le niveau moral de la politique, renoncé au mérite et à l'effort [...] Les héritiers de ceux qui, en Mai 68, criaient CRS = SS prennent systématiquement le parti des voyous, des casseurs et des fraudeurs contre la police [...] Dans cette élection, il s'agit de savoir si l'héritage de Mai 68 doit être perpétué ou liquidé. » La chienlit, c'est fini.

Dans cette campagne, il est aussi le candidat adoubé par l'humoriste Jean-Marie Bigard et le chanteur Didier Barbelivien, par Enrico Macias, Christian Clavier et Jean Reno. La France du box-office – ou de ce qu'il fut – est derrière lui. Pas celle des écrivains et des éditeurs du Paris germanopratin, qualifiés de « gauche caviar » et « pétitionnaire », qui a beau jeu, depuis les « beaux quartiers », de toujours prendre le parti de l'agresseur plutôt que celui de la victime. Une façon habile pour lui de jeter un voile pudique sur son parcours d'élu dans le très confortable département des Hauts-de-Seine où les courbes de l'immobilier n'ont rien à envier à celles de Saint-Germain-des-Prés. Depuis la mairie de Neuilly-sur-Seine qu'il a dirigée pendant dix-neuf ans, il a pu côtoyer le gratin des sphères politiques, économiques et médiatiques sans doute les plus influentes du pays.

Le style populiste en politique se caractérise aussi par une sémantique bien spécifique. L'universitaire Damon Mayaffre a analysé les discours de Nicolas Sarkozy sur plusieurs années. Quels mots le ministre, le candidat et le Président choisit-il pour formuler ses propositions et faire passer ses opinions ? Le verdict du chercheur[1] est sans appel : « Nicolas Sarkozy semble reprendre, voire systématiser, les procédés discursifs populistes. » L'usage du « on » pour désigner une menace aux contours forcément flous. L'usage du « je » comme signe distinctif

1. Damon Mayaffre, « Sarkozysme et populisme. Approche logométrique du discours de Nicolas Sarkozy (2007-2012) », revue *Mots. Les langages du politique*, 2013.

du tribun qui communie avec la *vox populi*. La désignation des élites. Pour documenter sa thèse, il s'appuie sur des extraits de discours écrits et d'interviews dans la presse audiovisuelle : « Personne n'est obligé d'habiter en France, mais quand on habite en France, on respecte ses règles, c'est-à-dire qu'on n'est pas polygame [...]. On ne pratique pas l'excision sur ses filles, on n'égorge pas le mouton dans son appartement et on respecte les règles républicaines[1]. » « Pourquoi tant de haine ? Parce que je dis tout haut ce que tout le monde pense tout bas, que si l'on n'aime pas la France on n'est pas obligé d'y venir et on n'est pas obligé d'y rester[2]. » « Dire tout haut ce que tout le monde pense tout bas », c'est faire preuve de beaucoup d'audace : d'abord en présumant savoir ce que tout le monde pense tout bas et qui, par définition, est dissimulé ; ensuite, imaginer que tout le monde penserait la même chose sur tel sujet ; enfin, claironner un propos qui précisément était dit tout bas car inassumé pour ne pas dire inassumable. Mais les campagnes électorales et les estrades ont toujours un effet désinhibant. Glorification d'un mode de vie, dénonciation de ceux qui le menacent, extrapolation de pratiques ultraminoritaires, rhétorique de l'évidence et de l'outrance mêlées. Nicolas Sarkozy ne le nierait sans doute pas lui-même : son discours n'est un appel ni à la nuance ni à l'intelligence de celui qui l'écoute.

1. 5 février 2007, interview télévisée sur TF1.
2. 27 février 2007, meeting à Perpignan.

2007-2022
Quand le populisme s'immisce au pouvoir et enflamme l'opposition

Du parler vrai au parler cru

On dit parfois que la langue est un miroir de l'être. Cela s'applique de façon implacable pour Donald Trump. Le 45e président des États-Unis est aujourd'hui mondialement connu pour ses propos confus, truffés de fautes de syntaxe et vulgaires... Glisse-t-on ensuite de la violence des mots à la violence politique ? Faut-il adapter son niveau d'expression, revoir le style de ses discours, lorsque, de candidat, une personnalité accède aux plus hautes fonctions du pouvoir ?

Une fois élu, Nicolas Sarkozy ne cherche pas à sophistiquer son raisonnement et à présidentialiser son expression, bien au contraire. En novembre 2007, au cours d'une de ses visites éclairs – ce jour-là, il fait étape dans le port de pêche breton du Guilvinec –, un manifestant perché sur le toit de la criée le traite élégamment d'« enculé ». Le président de la République, adepte du rapport de force musclé, se place spontanément au niveau de son interlocuteur avec une réplique qui ne respecte ni les canons du protocole ni le style de *La*

Princesse de Clèves : « Descends un peu le dire, si t'es un homme ! » Le tutoiement venant ici ajouter de la tension, déjà bien visible dans les regards en cet instant. Le populisme est aussi un virilisme. En 2008, dans les allées du Salon de l'agriculture, à Paris cette fois, il lance un cinglant « Casse-toi pauv'con ! » à un visiteur qui vient alors de lui refuser une poignée de main. En voulant s'exprimer avec un langage familier, supposé « faire peuple », Nicolas Sarkozy adopte une posture destinée à se montrer tel qu'il est, proche dans ses valeurs et dans son style de cette « France qui se lève tôt », à ne pas confondre avec cette France des assistés qu'il va falloir remettre au travail.

Si l'opposition considère que les limites du « politiquement correct » ont été franchies, Luc Chatel, le porte-parole du gouvernement de l'époque, vient à la rescousse : le président de la République devant « se faire comprendre de tous les Français », son ministre justifie ce phrasé par le refus d'un style « amphigourique » et de « circonvolutions syntaxiques qui perdent l'auditeur et le citoyen ». On note le niveau de la réponse ! Et on se demande si celle-ci n'est pas une leçon de syntaxe implicite au chef de l'État. Impossible pour autant d'évaluer de façon scientifique l'impact politique sur l'électorat d'un tel relâchement du champ sémantique du président de la République. Dans une tribune publiée le 28 février 2009 sous le titre « Sarkozy m'à tuer », Barbara Cassin, chercheuse en linguistique et aujourd'hui académicienne, fustige ces errements de langage au sommet de l'État. Ces ratés apparents visent, selon elle, à faciliter un rapprochement avec la population. « “Je” parle comme “eux”, j'écris aussi mal qu'eux : ils croiront que je pense comme eux, ils penseront comme moi. Entre imitation et émotion, ça passe ou ça casse. Il s'agit de communiquer, pas de parler. » Un populisme horizontal et mimétique, qui participe au moins partiellement d'une désacralisation de la fonction présidentielle, plutôt qu'un populisme vertical, figure d'un chef fort, au-dessus des masses, qui guide le peuple et incarne la Nation.

La République du fait divers

Ce vendredi 30 juillet 2010, c'est l'heure du chassé-croisé sur la route des vacances. Mais pas encore de trêve estivale du côté de l'Élysée. Nicolas Sarkozy ne veut pas ralentir son activité, bien au contraire. Après plusieurs nuits d'affrontements dans un quartier de Grenoble et des heurts violents dans une commune rurale du Loir-et-Cher, le président de la République se rend dans la préfecture de l'Isère. Au menu, fermeté extrême et soutien sans faille aux forces de l'ordre. Devant quelques élus, il prononce un discours aux tonalités martiales qui font écho aux déclarations récurrentes qui furent les siennes place Beauvau. Le chef de l'État déclare une nouvelle fois la « guerre à la délinquance » et, bien qu'en fonctions depuis trois ans déjà, engage « le combat d'un pays contre les voyous et les trafiquants, sans angélisme ni naïveté ». Un arsenal répressif est présenté venant urgemment compléter une législation déjà foisonnante : caméra embarquée, peines planchers étendues, bracelet électronique pour les récidivistes... Voilà pour le dispositif sécuritaire. Mais le chef de l'État déclare vouloir aller aux racines du mal et se lance dans un parallèle controversé : « Nous subissons les conséquences de cinquante années d'immigration insuffisamment régulées qui ont abouti à un échec de l'intégration [...]. La délinquance actuelle ne provient pas d'un mal-être comme je l'entends dire trop souvent : elle résulte d'un mépris pour les valeurs fondamentales de notre société. » Immigration, intégration, insécurité, voilà donc le triptyque. C'est dans les vieilles casseroles qu'on fait les meilleures soupes, dit-on ; et parfois la politique est l'art de ne s'encombrer d'aucune subtilité. Une posture et un discours aux relents assurément populistes. D'abord parce qu'il s'agit une nouvelle fois de « penser » la politique comme une réponse à une émotion populaire surgie à la faveur d'un fait divers. Plus question de raisonner, de faire appel au sang-froid et à la tempérance, à l'analyse nuancée ; il faut réagir à chaud, enfourcher le tigre[1] du mécontentement, se montrer suractif pour échapper au procès en inaction.

---

1. « Enfourcher le tigre », c'est l'expression un peu ésotérique employée par Emmanuel Macron lors d'une rencontre virtuelle avec des représentants du secteur culturel en pleine pandémie. La variante « Chevaucher le tigre » est par ailleurs le titre de l'un des ouvrages du philosophe néofasciste italien Julius Evola, publié en 1961 : regrettant l'impossible retour à un « système normal et traditionnel », l'auteur y préconise un détachement à l'égard du politique et suggère d'« abandonner tout but positif extérieur, rendu irréalisable par une époque de dissolution comme la nôtre ». Voilà, ne nous remerciez pas, c'est cadeau.

Ensuite parce que certaines mesures, sans doute arrêtées dans la précipitation après les incidents, semblent ne pas être conformes au droit constitutionnel, à l'image de la déchéance de nationalité pour les binationaux commettant des crimes de droit commun, proposée par le Président ; elle devra donc être finalement abandonnée plus tard, ce que le chef de l'État et son entourage ne pouvaient pas ne pas anticiper. Mais peu importe le droit, la politique se situe dans un autre registre qui semble parfois autoriser des promesses qu'on sait condamnées d'avance. L'enjeu n'est alors pas leur concrétisation ultérieure mais leur formulation à l'« instant T ». Dans un autre domaine, François Hollande improvisera, en direct, une proposition de taxation à 75 % des plus hauts revenus – en hésitant d'ailleurs sur le plancher à y donner – sans ignorer que cette proposition serait juridiquement bancale et pour cause : le jour de sa mise en œuvre, elle fut retoquée par le Conseil constitutionnel. Mais peu importe : cette proposition sera, au moment de son annonce, ce qui relancera la dynamique de campagne du candidat et lui permettra d'accéder à l'Élysée. Sa non-mise en œuvre viendra toutefois allonger la liste des renoncements dont il sera accusé. Le populisme est bien aussi un démagogisme. Nicolas Sarkozy n'est pas le dernier à l'avoir compris. Si, en matière sécuritaire, son autoritarisme affiché peut permettre de séduire un électorat perdu et de redresser une cote de popularité affaissée, pourquoi s'en priver ?

Enfin, cette « déclaration de guerre aux délinquants », en promettant de réduire de moitié le nombre de campements de « Roms » et de « gens du voyage » dans le pays, est un raccourci dangereux – après ce discours un nombre anormalement élevé d'agressions visant ces communautés a été recensé. L'expression présidentielle est délibérément confuse et procède de l'amalgame. Un dérapage raciste – appelons un Rom un Rom –, dont la « France d'en bas » n'a assurément pas le monopole. Une stigmatisation au plus haut niveau de l'État, qui favorise le séparatisme qu'elle prétend combattre et provoque de surcroît une libération de la parole xénophobe sur Internet et les réseaux sociaux.

Le discours du président de la République suscite une avalanche de critiques d'élus et de personnalités, y compris au sein même de sa famille politique, d'associations et d'institutions scandalisées par ce « racisme d'État ». Une prise de distance marque les esprits plus que les autres car elle revêt un caractère exceptionnel : celle du pape Benoît XVI qui rappelle à la France – et donc à son président très directement – le devoir de « savoir accueillir les légitimes diversités humaines ». Sans doute un des éléments qui contribueront à ce que, deux ans plus tard, revenant sur cet épisode pour faire le bilan de son action, Nicolas Sarkozy exprime quelques regrets.

Cette faculté à surfer sur l'actualité, à instrumentaliser chaque fait divers et l'émotion que sa surmédiatisation amplifie, en prétendant y apporter systématiquement une réponse politique, Nicolas Sarkozy en fait sa marque de fabrique. Un activisme résumé par ses détracteurs en une formule : « un fait divers = une loi ». Avec un risque collatéral : cette agitation perpétuelle fait le lit du populisme, non seulement dans sa gestion émotionnelle, mais dans le procès en inefficacité qu'elle contribue à instruire. Si chaque incident ou drame nécessite une nouvelle intervention publique, n'est-ce pas reconnaître implicitement que toutes celles ayant précédé étaient sans pertinence ? Entre cynisme et amateurisme, la mise en cause des gouvernants conforte ceux qui n'en avaient pas besoin dans la certitude d'une défaillance généralisée. Surtout en matière sécuritaire, où personne ne peut prétendre aisément résoudre une problématique à laquelle chaque société a été confrontée, en oubliant que celles d'hier n'étaient pas moins violentes que la nôtre. Personne ? Si, certains, qu'on peut en général qualifier de populistes et qui ont fait du sentiment d'insécurité leur carburant.

Nicolas Sarkozy n'a, en la matière, pas mégoté. « Si je suis élu président de la République, je résoudrai le problème des multirécidivistes dès l'été 2007 », déclarait-il sans ironie à la fin de sa campagne, le 18 avril 2007. Non sans efficacité non plus : entre démagogie et volontarisme, cette posture a séduit un électorat en attente de fermeté et de résultats, permettant de siphonner de façon inédite l'extrême droite lors de cette présidentielle. Pour mieux lui donner de l'élan ensuite ? On ne change pas une méthode gagnante : en janvier 2010, le meurtre d'un couple de retraités dans l'Oise donne lieu, dans la foulée, à des annonces sur l'aggravation des sanctions pénales pour les auteurs d'agressions contre les personnes vulnérables. Le 21 novembre 2011, après l'assassinat d'une jeune adolescente de 13 ans par un jeune homme âgé de 17 ans, le gouvernement dépose un amendement sur les conditions d'évaluation de la dangerosité des mineurs délinquants. Nicolas Sarkozy allant même jusqu'à dire dans un discours que « la récidive criminelle ne peut rester impunie ». Elle ne l'a bien évidemment jamais été.

Les textes judiciaires et sécuritaires s'empilent donc de 2007 à 2012, prétendument pour répondre aux attentes de l'opinion, même si la crise économique de 2008 et l'explosion du chômage qui en découle remettent la question sociale au cœur des préoccupations de cette France qui se lève tôt, à laquelle le candidat s'était adressé quelques années auparavant. Christian Jacob, alors président du groupe majoritaire à l'Assemblée, a lui-même osé s'inquiéter de ces mesures prises dans l'urgence et alerté sur les conséquences de ces lois « d'opportunité ». Nicolas Sarkozy ministre de l'Intérieur avait enclenché cette « fait-diversion » de la vie politique qui a ensuite imprégné en profondeur sa présidence. Une gouvernance par l'émotion et l'événement dont il a été pour ses successeurs, depuis lors, très difficile de s'affranchir.

Le débat qui s'ouvre sur l'identité française, immédiatement après la création du ministère de l'Immigration et de l'Identité nationale en 2007, ne passe pas le cap du trimestre. Trop de polémiques, trop de propos racistes et xénophobes entendus lors des réunions publiques. Sans tambour, ni trompette, le 14 novembre 2010, à l'occasion d'un remaniement, le portefeuille de l'immigration retrouve son attache initiale au ministère de l'Intérieur. Celui de l'Identité nationale est supprimé. Patrick Buisson, le conseiller influent de Nicolas Sarkozy, n'est pas parvenu à aller au bout de son projet politique. En développant l'instinct patriotique des Français, il espérait siphonner l'électorat de Marine Le Pen. Nicolas Sarkozy récidive malgré tout quelques mois plus tard. « L'identité nationale, ce n'est pas un gros mot », lance le président-candidat à sa réélection le 3 mars 2012, lors d'un meeting à Bordeaux. Du populisme d'opportunité, car il est à ce moment-là distancé dans les sondages par François Hollande et cherche alors à retrouver les faveurs des électeurs en reprenant la tonalité de la campagne victorieuse de 2007. En vain.

Nicolas Sarkozy, l'antiélitisme en bandoulière

Nicolas Sarkozy n'a pas peur des contradictions. Président sortant et candidat à sa réélection en 2012, il doit composer avec un bilan que tous ses adversaires attaquent. Entré en campagne tardivement, il se pose non pas en président qui défend l'action menée, mais en « porte-parole de l'exaspération des Français ». À la manière d'un candidat de l'opposition, lors d'un meeting place de la Concorde, il lance : « Le peuple de France dit "ça suffit !" » À qui s'adresse cet avertissement ? Aux membres de l'Assemblée, située à quelques mètres de sa tribune ? Les députés UMP y sont pourtant majoritaires depuis déjà dix ans. À l'hôte de l'Élysée ? On ne l'imagine pas. Le Président cherche, habilement, à surfer sur un ras-le-bol populaire grandissant. Il se place du côté du peuple, dont il entend et veut capter la colère. Sans toutefois se montrer trop précis quant au motif du mécontentement, préférant désigner sans le nommer un coupable : le système. En plus de se faire le représentant autoproclamé du peuple contre l'élite, le chef de l'État, loin de la posture du président rassembleur, se révèle être un candidat qui clive, dénonçant à longueur d'allocutions les syndicats ou les « bien-pensants » qu'il oppose aux « Français de bonne volonté », à cette France des valeurs et du bon sens. Cela passe par une prise directe avec le terrain : « Pendant cinq ans, j'ai pu mesurer la puissance des corps intermédiaires qui prétendent souvent parler au nom des Français et qui, en vérité, souvent, confisquent la parole des Français. Je veux rendre la parole aux Français. J'ai bien entendu les cris de ceux qui pensent que se tourner vers le peuple c'est du populisme. Au fond d'eux-mêmes ils trouvent sans doute que le peuple n'est pas assez raisonnable, que le peuple n'est pas assez intelligent... »

Le candidat du Front de gauche, Jean-Luc Mélenchon, ne laisse bien sûr pas passer cette dérive populiste assumée, dénonçant un chef de l'État qui se « situe dans la veine des Berlusconi et Viktor Orbán en voulant instaurer une relation directe entre un "guide" et le peuple. Un peuple [qu'il définit] comme masse informe et manipulable par de bas instincts de haine et de jalousie, dont il rêve et qu'il cherche à instituer ». Une matière qui donnera sans doute à réfléchir à

Jean-Luc Mélenchon lui-même, compte tenu de la tonalité très différente qu'il cherchera cinq ans plus tard à donner à sa propre campagne, cette fois sous la bannière non plus du « Front de gauche » mais de « La France insoumise » dans un changement de nom très révélateur. En tenant ce discours aux accents populistes, Nicolas Sarkozy parvient à remobiliser son camp avec succès, sans toutefois rattraper l'intégralité de son retard. Cinq ans plus tard, il peut toutefois revendiquer, en partie, la paternité de la victoire d'Emmanuel Macron lors de l'élection présidentielle de 2017, le candidat En Marche ! revendiquant à son tour le lien direct avec l'opinion, la dénonciation du système et le contournement des corps intermédiaires, empêcheurs de « réformer en rond ».

La présidence de François Hollande : gouverner c'est déchoir ?

« Si le chômage ne baisse pas d'ici 2017, je n'ai aucune raison d'être candidat, ou aucune chance d'être réélu. » Quand il s'exprime ce 18 avril 2014, lors d'un déplacement au sein d'une usine Michelin, François Hollande est encore optimiste quant à l'inversion de la courbe du chômage. Mais beaucoup en doutent, y compris au sein de son propre camp, qui traîne cette promesse présidentielle comme un boulet lorsque sont publiés chaque mois les chiffres de Pôle Emploi. Foutue courbe... À l'été 2015, alors que le pari n'est toujours pas réussi, Nicolas Sarkozy se charge de le lui rappeler.

L'ancien chef de l'État assure observer, depuis sa résidence du Cap Nègre – un point d'observation apparemment privilégié pour en prendre la mesure –, « l'exaspération du pays » : « Jamais je n'ai senti un décalage aussi profond entre ce qui est dit et ce que pensent les Français. » L'ex-chef de l'État choisit trois exemples pour illustrer ce qu'il présente comme un fossé inédit entre gouvernants et gouvernés. L'immigration et la sécurité, bien sûr, dont il a toujours fait son oxygène politique. Mais justement aussi le chômage, en agitant le chiffon du mensonge d'État utilisé pour dissimuler la faillite : « Les Français ont le sentiment qu'on ne leur dit pas la vérité [...] le pouvoir en place a perdu tout contrôle de la situation et donne le sentiment d'une impuissance généralisée. » Mensonge et impuissance ou les deux mamelles du hollandisme, à en croire son prédécesseur.

Si l'on se fie à la courbe de popularité de François Hollande dans l'opinion, force est d'admettre que le bilan présidentiel est jugé très sévèrement. La déception est grande surtout à gauche, alors que le Parti socialiste et ses alliés ont, quand leur représentant prend ses fonctions à l'Élysée le 6 mai, quasiment tous les pouvoirs dans le pays. Une majorité absolue au Sénat qui précède un raz-de-marée à l'Assemblée nationale. La direction d'exécutifs dans 21 régions métropolitaines, 61 départements, 15 des 20 premières villes du pays... Une situation inédite sous la Ve République qui n'avait jusqu'alors jamais conféré autant de pouvoirs à la gauche ; et une gauche qui n'a pourtant jamais semblé aussi impuissante. C'est l'un des mystères du quinquennat de François Hollande que d'avoir si peu promis en campagne, puis d'avoir autant déçu au pouvoir. Élu sur un slogan « attrape-tout » – « le changement, c'est maintenant » –, ce président normal n'a pas su capter l'espoir suscité par son arrivée à l'Élysée dix ans après le « coup de tonnerre » qui avait tant sonné la gauche. « Le renoncement, c'est maintenant » en ont déduit beaucoup, aggravant la coupure, déjà bien consommée, entre la gauche et les catégories populaires, et poussant celles-ci presque mécaniquement dans les bras que leur tendaient de longue date les populistes.

Les frondeurs, surnom donné à un petit groupe d'opposants socialistes de l'intérieur, dénoncent très tôt les orientations gouvernementales. Le PS vit alors cette étrange situation devenir « le principal parti d'opposition » au gouvernement qu'il est censé soutenir, selon la formule du politologue Gérard Grunberg, créant les conditions de son propre éclatement. Occasion historique ratée donc pour la gauche qui n'a su ni porter une espérance ni offrir de résultats, face à une courbe du chômage immaîtrisable. Après cela, les populistes n'avaient presque plus qu'à se baisser pour ramasser la moisson. Dans le même temps, alors qu'elle devait être aux yeux des Français le premier parti de l'opposition, l'UMP s'est fracturée, entre les partisans de François Fillon et ceux de Jean-François Copé. Un déchirement de plusieurs semaines, présenté dans les médias comme un psychodrame à feuilletons qui a durablement impacté l'image de la formation politique, sans autre projet qu'un choc d'ambitions entre ses dirigeants.

De son renoncement, François Hollande a fait doublement les frais. Après la déflagration des attentats de 2015, assurant vouloir mieux protéger les Français face à la menace terroriste, il dégaine devant les parlementaires réunis en congrès à Versailles une mesure hautement symbolique : la déchéance de nationalité. « Nous devons pouvoir déchoir de sa nationalité française un individu condamné pour une atteinte aux intérêts fondamentaux de la nation ou un acte de terrorisme, même s'il est né français, je dis bien même s'il est né français, dès lors qu'il bénéficie d'une autre nationalité. » Dans la foulée du discours, l'ancien ministre socialiste Benoît Hamon appelle sa famille politique à retrouver la raison en abandonnant une « proposition de l'extrême droite ». Une proposition formulée cinq ans auparavant par Nicolas Sarkozy à l'occasion de son discours de Grenoble – visant alors les meurtres sur les représentants des forces de l'ordre – et dénoncée par François Hollande, alors député socialiste de Corrèze, comme « dangereuse » et « attentatoire à la tradition républicaine ». En 2015, les deux hommes jouent donc à front renversé et en l'occurrence avec le feu démocratique, l'ex-président s'opposant à la mesure proposée par son successeur mais auparavant combattue par celui-ci lorsqu'elle était proposée par celui-là. Ubuesque et déflagratoire, s'agissant d'une mesure alors soutenue – mais faut-il s'en réjouir ? – par 95 % de l'opinion. Arroseurs arrosés, Nicolas Sarkozy sera balayé lors de la primaire de la droite et François Hollande ne sera même pas en situation de candidater à sa propre succession. Le même qui, lors d'une interview à la radio, donnait sa vision d'un dirigeant politique de « gauche » : « Ce n'est pas de suivre ce qu'est le mouvement d'humeur, ce n'est pas d'être derrière tous les fantasmes populistes, ce n'est pas d'enfourcher tous les chevaux souverainistes, au prétexte qu'ils seraient parfois, c'est vrai, partagés par l'opinion. » Les populistes n'ont même pas à sourciller : le président en exercice gonfle leurs voiles, en reprenant leurs idées – ici la déchéance de nationalité – et en se montrant, en prime, incapable de les mettre en œuvre. La « présidence normale » ou celle d'un peuple déçu et d'un gouvernant déchu.

« Le bruit et la fureur, c'est moi ! » : le populisme décomplexé des opposants

Deux ans avant la présidentielle de 2012, Jean-Luc Mélenchon publie une sorte de manifeste dégagiste résumé par son titre *Qu'ils s'en aillent tous !*[1]. Le président du Parti de gauche, pas encore officiellement candidat, amorce sa campagne sur un ton résolument offensif : l'heure est à la révolution citoyenne, à l'image des mouvements qui surgissent alors en Amérique latine. Les cibles sont nommées, et elles sont nombreuses : « Les patrons hors de prix », « les barons des médias », « les anti-héros du sport », tous les « profiteurs » et les

1. Paru aux éditions Flammarion en 2010.

« parasites » du système que le leader de gauche contestataire entend renverser. Un essai qui annonce un virage idéologique dans la lutte qu'entend mener Jean-Luc Mélenchon. Derrière le discours commence à poindre l'inspiration politique et philosophique de Chantal Mouffe, professeure à l'université de Westminster à Londres et principale théoricienne du « populisme de gauche ». Avec son compagnon Ernesto Laclau, universitaire postmarxiste argentin, ils ont théorisé l'abandon de la lutte des classes et l'effacement du prolétariat devant le « peuple » opposé à une « élite oligarchique ». Les 99 % contre les 1 %. « Nous » contre « eux ».

Galvanisé par le succès de son livre et un automne social chaud sur le front politique, en novembre 2010, Jean-Luc Mélenchon lance à ses troupes lors d'une réunion publique : « Je suis le bruit et la fureur, le tumulte et le fracas. » Une formule choc, aux relents agressivement populistes, qui donne le ton de sa campagne, mettant parfois mal à l'aise l'allié communiste, puisque le parti de la place du Colonel-Fabien choisit de ne pas présenter de candidat à ce scrutin. Le 22 avril 2012, le résultat obtenu par Jean-Luc Mélenchon pour sa première candidature présidentielle est contrasté : son score a beau être à deux chiffres, avec 11,1 % des voix, le total « gauche communiste » – englobant le NPA et LO (12,8 %) – est en effet inférieur à la valeur médiane (13,8 %) des résultats obtenus par les représentants de ce courant politique lors des élections présidentielles de 1965 à 2012, selon les données réunies par la Fondapol dans une étude du 19 août 2012. Et comme ses prédécesseurs, le candidat du Front de gauche échoue face à celle qu'il a désignée comme l'ennemie à abattre : la candidate du Front national. Il se pose alors en représentant de la vraie gauche – entendez celle qui n'a pas trahi ses valeurs ni son électorat –, rempart historique de l'extrême droite. À la présidentielle, puis au scrutin législatif, il en fait donc sa cible en choisissant, courageusement, d'être investi dans la circonscription où se présente Marine Le Pen. L'échec, cuisant, fera écrire à Dominique Reynié, directeur de la Fondapol : « Lors de sa campagne pour la présidentielle de 2012, Jean-Luc Mélenchon a su parler éloquemment des ouvriers mais il n'a pas été capable de parler aux ouvriers. » Entre les classes populaires et la gauche – même lorsqu'elle se redonne des accents ouvriéristes –, la rupture semble irrémédiable.

Sous la direction de Marine Le Pen, le Front national poursuit sa stratégie de dédiabolisation avec un indéniable succès dans les urnes. Le parti gagne 14 municipalités en 2014 et marque les esprits aux élections régionales de 2015 : même si, au soir du second tour, il ne rafle aucune des présidences qui lui étaient promises par les sondages, il compte davantage d'élus (358) dans les assemblées régionales que le Parti socialiste (355). Dans les discours de la présidente du mouvement, l'immigré ne disparaît pas mais il est accompagné de ces Français « oubliés » qu'elle oppose à une élite parisienne et privilégiée. Le populisme des territoires vient s'agréger au national-populisme qui montre du doigt l'étranger et l'immigré. Pour illustrer cette ligne, Brachay, commune rurale de 65 habitants de la Haute-Marne, devient la nouvelle capitale symbole de ce néo-FN. C'est là que Marine Le Pen, sur une estrade située devant la mairie, prononce, chaque année de 2011 à 2017, son discours de rentrée politique. Avec une incontestable efficacité locale : à la présidentielle de 2012, elle y décroche 72 % des voix, et, en 2017, elle l'emporte face à Emmanuel Macron avec 90 % des suffrages.

La route est moins dégagée pour Jean-Luc Mélenchon, qui se dit « humilié » par le revers de ses listes au scrutin régional de 2015. Une défaite cinglante due, selon lui, à une campagne axée sur des enjeux trop « locaux » qui ne lui ont pas permis de se faire entendre pleinement, mais aussi en raison de querelles et tensions avec ses alliés écologistes et communistes. La débâcle sonne la fin du Front de gauche, sur les décombres duquel Jean-Luc Mélenchon lance l'année suivante La France insoumise. Implicitement, tout est dit dans le nom et les symboles que se donne cette nouvelle entité politique : la « France » remplace la « gauche » et le logo transforme le vert de l'écologie en bleu ; dans les meetings, le drapeau tricolore détrône le drapeau rouge, *L'Internationale* s'efface devant *La Marseillaise*. On récuse le terme de « parti », tellement démonétisé aux yeux de l'opinion, pour lui préférer celui plus moderne de mouvement. Plus gazeux aussi : la non-structuration de cette entité nouvelle lui permet, sans le dire, de constituer une machine de guerre toute dédiée à son leader.

Sur le fond, l'heure est à un souverainisme assumé : la « démondialisation » invoquée par certains signe un retour de la Nation qui ne dit pas son nom. En réponse à la désindustrialisation à laquelle les élites françaises auraient soumis nos bastions ouvriers historiques, le protectionnisme redevient à la mode. Trump lui-même bénéficie d'une certaine indulgence : si son élection a eu l'effet d'un cataclysme, elle signe aux yeux de beaucoup la revanche des classes moyennes blanches, économiquement et culturellement fragilisées, à protéger d'une concurrence devenue déloyale. C'est sur ce thème qu'Arnaud Montebourg, au même moment, tente de retrouver une place au premier rang de sa famille politique, après avoir dû quitter le gouvernement. L'ancien ministre fonde « Le Projet France », un microparti qui lui permet de participer à la primaire du Parti socialiste.

Il s'agit aussi pour Marine Le Pen de singulariser sa deuxième candidature à l'élection présidentielle de 2017. Si elle conserve la marque « Front national », c'est d'abord son prénom qui est mis en avant dans la propagande frontiste. Le populisme d'extrême droite repose toujours sur une incarnation qu'il est logique de décliner explicitement. « Le Pen, le peuple » fut d'ailleurs l'un des grands slogans de son père, en 1995. La variante, fondée sur le prénom de l'intéressée, offre une plus grande proximité. La flamme tricolore disparaît également de l'affiche de campagne pour laisser place à une « rose bleue »... Le populisme, qui se joue des clivages partisans, trouve ici le meilleur symbole du dépassement de l'UMPS qu'il se propose d'incarner, en mêlant la rose socialiste et le bleu (dans sa version marine) de la droite. Ce faisant, le parti de Marine Le Pen entretient une confusion sur son positionnement, qui cherche à faire oublier tous les errements du père fondateur.

Dans *L'Express* en 2011, déjà, le caricaturiste Plantu avait croqué Jean-Luc Mélenchon et Marine Le Pen en uniforme militaire, brassards bien visibles sur la veste et les poings levés, tenant à la main chacun le papier d'un même discours, sous le titre : « L'ascension des néo-populismes ». La vieille histoire de l'alliance « rouge-brun » résumée en un dessin... Jean-Luc Mélenchon, qui a toujours cherché à faire de l'extrême droite un combat prioritaire de son engagement politique, est fou de rage, voyant là une « une manipulation de la droite et des médias qui mettent dans le même sac la nouvelle gauche et l'extrême droite ». Depuis ce jour, il précise que, entre son mouvement et le FN, il y a un fleuve de sang. « Avec Marine Le Pen et Jean-Luc Mélenchon, il y a un abîme insondable en termes d'histoire personnelle entre la fille de Jean-Marie Le Pen et un ancien trotskiste devenu sénateur socialiste et franc-maçon. Ce sont deux mondes qui ne se rejoindront jamais », assure l'historien Pierre Rosanvallon. Mais qu'en est-il de leurs électorats respectifs ? Jean-Luc Mélenchon s'autorise alors quelque incursion dans le jardin de Marine Le Pen, notamment sur le sujet sensible des « travailleurs détachés », accusés par lui de « voler le pain des travailleurs français ». Une faute que l'intéressé a ensuite été contraint de regretter publiquement, mais le signal est néanmoins passé. Tout comme ses saillies aux relents ouvertement germanophobes, sous couvert de dénonciation d'une construction européenne soumise à une logique néolibérale imposée par Berlin ou, plus globalement, la redécouverte de la notion de frontière. Même si La France insoumise demeure éloignée des évolutions de son homologue allemande, Die Linke, les bougés sont réels. Le fil conducteur demeure la question sociale, mais l'internationalisme n'offre plus le cadre de pensée prédominant, volonté populaire et souveraineté nationale finissant par se recouper étroitement. Il y reviendra par la suite, à la faveur d'un fait divers à Dijon, pointant un « problème avec les Tchétchènes ». Pour s'épargner une critique en angélisme, une énième concession au « confusionisme ».

De son côté, Marine Le Pen, sous l'impulsion notamment de Florian Philippot, teinte symétriquement son programme de social. On est loin du poujadisme du père et de l'antifiscalisme des débuts, qui s'adressait d'abord aux classes moyennes indépendantes faites de commerçants, d'artisans et de petits patrons, allergiques aux normes et aux impôts. Le Front national a réussi – c'est son succès – à ne pas perdre celles-ci tout en s'arrimant progressivement les catégories ouvrières, selon un mouvement engagé dès les années 80, confirmé en 2002 et constamment amplifié depuis. Il n'est ainsi pas anodin que la première percée électorale du Front national date de 1984 : la France fait depuis peu l'expérience de l'alternance et constate déjà les difficultés qu'a la gauche, au pouvoir, à avancer un programme de transformation sociale qui porte ses fruits dans la durée. À mesure qu'elle les déçoit, elle voit ainsi les classes populaires s'éloigner d'elle, séduites de plus en plus par les sirènes de l'extrême droite. Un « gaucho-lepénisme » magistralement mis en lumière par Pascal Perrineau. Et un Front national de plus en plus hybride, entre son bastion identitaire de PACA et son bastion populaire, de plus en plus solide, du Nord, même si les récentes élections régionales de juin 2021 n'en font pas la preuve, ni ici ni là. La France du soleil et la France du chômage, à laquelle Marine Le Pen parvient à parler d'une même voix, non sans œillades de plus en plus appuyées à son rival de la gauche radicale.

C'est ainsi que, au soir du 1er tour de l'élection présidentielle de 2017, Jean-Luc Mélenchon, K-O debout, n'accepte que tardivement sa défaite, laissant même entendre que la sincérité du scrutin pourrait être contestable. Un complot, des fraudes ? S'il ne met pas le doigt dans une logique qu'un Trump, sans scrupule, n'hésitera pas adopter, il refuse néanmoins de choisir formellement entre Emmanuel Macron et Marine Le Pen : « Je n'ai reçu aucun mandat des 450 000 personnes qui ont décidé de présenter ma candidature pour m'exprimer à leur place sur la suite », se contente-t-il de déclarer, pris d'une subite pudeur de gazelle. Une posture qui entretient la confusion des idées et qui peut laisser présager, dans l'esprit de certains, qu'une alliance des extrêmes est possible, comme en Italie. Dans sa campagne d'entre-deux-tours, Marine Le Pen insiste d'ailleurs sur de nombreux points qu'elle dit avoir en commun avec le leader insoumis : protectionnisme, renégociation des traités européens, abrogation de la loi Travail… La candidate du FN cherche à transformer son duel face à Emmanuel Macron en référendum « pour ou contre la mondialisation sauvage ». L'enquête Louis Harris

Interactive publiée le 7 mai 2017 sur le report de voix des électeurs de Jean-Luc Mélenchon entre le premier et le second tour de la présidentielle montre finalement une faible porosité. La candidate du Front national n'a été rejointe que par 7 % des électeurs insoumis, contre 14 % pour les électeurs de François Fillon et 1 % parmi l'électorat de Benoît Hamon. Autres temps autres mœurs : en mai 2019, l'institut Ifop publie un sondage d'intentions de vote pour la présidentielle qui révèle que 61 % des électeurs de Jean-Luc Mélenchon au premier tour se disent enclins à voter pour la cheffe du Rassemblement national au second. Une telle hypothèse, trois ans avant l'échéance, reste toute théorique, mais elle constitue une alerte : l'antimacronisme plus puissant que l'antilepénisme. Jean-Luc Mélenchon a sans doute analysé attentivement les résultats de cette étude. Est-ce pour cela qu'il déclarera, en décembre 2019, au sujet de Marine Le Pen qui soutient alors le mouvement de protestation contre la réforme des retraites : « Elle est en train de faire un progrès en quelque sorte en direction de l'humanisme, je ne vais quand même pas me plaindre de ça, et quant à ses adhérents sur le terrain, ils sont les bienvenus » ? Le fleuve de sang ne coule alors plus rouge vif. Depuis lors, les enquêtes ont toutefois révélé un tassement de cette tendance et un massif déport vers l'abstention, les électeurs de la France insoumise rechignant à se porter vers l'extrême-droite tout en n'étant plus qu'un quart environ à se dire prêt à voter Emmanuel Macron pour faire barrage au Rassemblement national.

Mais finalement, le pas de deux entre les leaders du RN et de LFI en reste là. L'un et l'autre se disputent le rôle de meilleur opposant au président de la République et vont jouer de surenchère pour tenter de récupérer le mouvement des Gilets jaunes, dont ils sont l'un et l'autre fondés à revendiquer une forme d'inspiration. Une prophétie autoréalisatrice dont ils chercheront fort logiquement à canaliser « le fracas et la fureur » au profit de leurs mouvements respectifs.

L'émergence de « l'extrême centre »

La « trahison des élites » est une expression à double sens : pour les populistes, les élites sont toujours coupables de trahison ; dans la vraie vie, elles peuvent aussi en être victimes. C'est en tout cas ce qui est arrivé à François Hollande, exécuté publiquement par sa « créature », secrétaire général adjoint de l'Élysée puis ministre de l'Économie. On sait que, au moment du remaniement de 2016, Bercy fut d'abord proposé à Louis Gallois, qui, considérant avoir dépassé la limite d'âge, refusa l'offre. Il est illusoire mais tentant de refaire l'Histoire : que se serait-il passé s'il avait finalement accepté la proposition ? La fin du quinquennat et l'élection de 2017 se seraient jouées sur une tout autre scène. François Hollande lui-même, dans son bureau de la rue de Rivoli, ressasse-t-il aujourd'hui ce scénario alternatif ? Peu importe, la pièce s'est terminée en farce politique et le président normal a fini en dindon de première catégorie, cornerisé par son poulain.

Gérald Darmanin a le sens de la formule. Dans une tribune publiée dans le quotidien *L'Opinion* le 25 janvier 2017, le maire de Tourcoing, qui soutient alors François Fillon, dénonce le populisme « light » et « chic » du candidat d'En Marche !. Emmanuel Macron est selon lui un « bobopulisme ». Le néologisme est audacieux, le bobo étant normalement dans le viseur du populiste ; insulte « au carré » donc, pour désigner un candidat qui cumulerait les tares de l'un et de l'autre, renvoyés dos à dos. Édouard Philippe, maire LR du Havre, estime, lui, que l'ancien ministre de l'Économie joue la carte du « populisme désinvolte qui n'assume rien mais promet tout ». Et quelques mois auparavant, François Baroin y allait aussi de sa punchline, rangeant le candidat au rayon du populisme « mondain ». N'en jetez plus, surtout venant de quelques représentants politiques rapidement devenus des piliers du quinquennat d'Emmanuel Macron. Ce dernier, habilement, laisse dire. Voire, implicitement, confirme. Ainsi, le 12 juillet 2016, lorsqu'il officialise ses ambitions, le ministre de l'Économie claironne que sa démarche, à l'écart des partis, « inquiète le système ». Trois mois plus tard, comme un « coming out », il affirme, bravache : « Si parler au peuple ou dire que les corps intermédiaires ne jouent plus leur rôle, c'est être populiste, alors je veux bien être populiste. »

Mais plutôt que bobo, mondain et désinvolte... le populisme d'Emmanuel Macron est marqué du sceau de l'expertise, que Carlo Invernizzi et Christopher J. Bickerton, deux chercheurs en sciences politiques, qualifient de « techno-populisme ». Emmanuel Macron joue en effet de ses expériences professionnelles, dans le public et le privé, pour apparaître comme un leader en prise avec la réalité, notamment celle du monde de l'entreprise, à rebours de ces politiques, souvent fonctionnaires, économiquement incultes et déconnectés du réel. Un positionnement jugé gagnant par Jean-Daniel Lévy, directeur du département politique et opinion de l'institut Louis Harris Interactive, dont les enquêtes notent le lien entre ce parcours et la crédibilité qu'il confère à l'intéressé aux yeux du grand public. Les deux chercheurs voient d'ailleurs en Mario Draghi, chef du gouvernement italien, la parfaite incarnation de ce techno-populisme. L'expertise technique et l'autorité politique de l'ancien directeur de la Banque centrale européenne se sont imposées, notamment lors de la crise financière qui a ébranlé la zone de la monnaie unique. Et son exécutif s'appuie sur une coalition parlementaire couvrant tout le spectre politique de la gauche à la droite, y compris populistes (de Forza Italia de Silvio Berlusconi, au Mouvement 5 étoiles de Luigi Di Maio, jusqu'à la Lega de Matteo Salvini). Un « gouvernement des meilleurs », mâtiné d'union nationale, qui ne déplairait pas à Emmanuel Macron. Un populisme technique, fondé sur l'expertise et la compétence, que le candidat entend opposer au populisme démagogique de Marine Le Pen, fait de solutions simplistes portées par des personnes sans assise ni expérience. Cette stratégie, définie par l'équipe d'Emmanuel Macron, est appliquée avec méthode et succès lors du débat d'entre-deux-tours, qui voit la candidate d'extrême droite sombrer en direct, perdue dans ses notes, confondant les dossiers, déroulant à propos de l'euro un raisonnement d'une grande confusion.

Emmanuel Macron veut jouer d'une incarnation forte à l'élection présidentielle, et le faire de façon très personnelle. Le mouvement qu'il fonde en 2016, En Marche !, reprend les initiales de son nom et de son prénom sans aucune autre forme de référence, ni idéologique ni historique. Comme si le candidat était son propre projet. La syntaxe est simplifiée à son maximum. Dans ses discours, l'ancien ministre présente son départ du gouvernement non pas comme une trahison mais comme une rupture avec un système politique dépassé, vermoulu. L'ancien monde contre le nouveau. François Bayrou y retrouve les graines que sa campagne avait semées en 2007, et rejoint l'aventure. Certains observateurs politiques qualifient Emmanuel Macron de candidat de « l'extrême centre », un Giscard aux pays des smartphones, dynamiteur d'aqueducs politiques déjà gravement fissurés. La dimension charismatique est payante. Benoît Hamon et François Fillon, candidats des vieux partis, ont, eux, tous les deux mordu la poussière.

« La République, c'est nous ! » : François Fillon et Jean-Luc Mélenchon à l'heure des « machinations politiques »

Lors de son quinquennat, plus qu'aucun président avant lui, François Hollande subit une pression médiatique qu'il ne parvient jamais totalement à contrôler. Un feu continu qui se déporte mécaniquement vers les candidats à l'élection présidentielle, une fois la campagne lancée. Benoît Hamon profite ainsi habilement des confrontations télévisées organisées lors de la primaire socialiste pour se poser en représentant des frondeurs. François Fillon avance, lui, à pas plus feutrés, fidèle à sa ligne de réserve et de modération dans sa communication politique. Il fait toutefois une entorse à cette règle en participant à l'émission « Une ambition intime » sur M6. Karine Le Marchand, la présentatrice, dans un concept inédit d'interview, interroge les candidats sur un canapé, un verre de vin à la main. François Fillon, qui ne met en scène sa vie privée que de façon très exceptionnelle – c'est notamment le cas pour *Paris Match* –, livre là un peu de son intimité. On le découvre parlant de sa famille, d'astrologie, de photographie et de sa passion pour les nouvelles technologies. Un entretien confession qui cherche avant tout à mettre en avant ces petites choses qui font le quotidien du candidat, expriment son empathie et doivent le rendre proche de celles et ceux dont il brigue les suffrages. Cette communication, vue par certains comme une dérive vers une « peopolisation » de la politique, n'est pas sans rappeler la posture du leader de la Ligue du Nord Matteo Salvini. Une des personnalités les plus suivies dans son pays sur les réseaux sociaux, le dirigeant du parti souverainiste et populiste construit en partie sa popularité en affichant sur son compte Twitter des moments de sa vie privée, à coups de messages écrits et de selfies. On le voit ainsi partageant des recettes de pâtes et des pauses-café. Un populisme présentable, consensuel, « qui vous veut du bien » et qui ne l'empêche toutefois pas de parfaire dans le même temps une image de chef autoritaire et charismatique mettant en scène son opposition intransigeante aux migrants. Un populiste *next door*, en quelque sorte. Et pourquoi pas, un jour, une dirigeante d'extrême droite dresseuse de chats ?

Autre exception, et non des moindres, dans la stratégie de communication de François Fillon, improvisée au moment des révélations sur l'affaire d'emploi présumé fictif de son épouse. Réputé être dans cette campagne le candidat de la respectabilité, il sort avec force de sa réserve. Après l'annonce de sa mise en examen le 14 mars, il use d'une stratégie bien éculée : d'accusé, il entend se poser en victime aux yeux de l'opinion. Ses déclarations se font plus virulentes, reprenant le vocable habituel des leaders populistes quand il fustige par exemple le « gouvernement des juges » ou le « cabinet noir » élyséen qui cherchent sa perte. L'homme parle en connaisseur, pour avoir lui-même pris l'initiative d'un déjeuner avec le secrétaire général de l'Élysée, Jean-Pierre Jouyet, afin d'évoquer l'avenir judiciaire de son ex-patron et président de la République, Nicolas Sarkozy. Imagine-t-on le général de Gaulle prendre part à un tel déjeuner ? Mais les déboires de François Fillon ne s'arrêtent pas là, entre l'emploi d'assistante parlementaire de sa compagne et son vestiaire garni de costumes sur-mesure offerts par un ami qui ne lui voulait pas que du bien. Les militants et plusieurs personnalités politiques de premier plan entonnent le refrain du complot politique. Les médias sont suspectés de responsabilité dans cette affaire, accusés de connivence avec le pouvoir. Tout au long de sa défense, François Fillon dénonce le rôle « nocif » de la presse. Sans apporter de preuves, l'ancien Premier ministre reprend la rhétorique populiste : celle d'un homme que le système – judiciaire, politique, médiatique – prend pour cible dans un dévoiement de la démocratie. Aux yeux de l'opinion, il écorne son image de responsable briguant la magistrature suprême et censé être le garant d'institutions que sa défense le pousse à délégitimer.

La gestion politique de cette séquence révèle quelques similitudes inattendues entre deux leaders que tout semblait pourtant opposer. Autorisons-nous un bref détour par le futur pour mettre en miroir deux attitudes fort révélatrices d'un populisme qui s'ignore à défaut de s'assumer. Car la ligne de conduite, des plus classiques, adoptée par François Fillon annonce exactement celle dont, quelques mois plus tard, s'inspirera Jean-Luc Mélenchon criant sa colère lors de la perquisition à son domicile et au siège de son mouvement, victime autoproclamée d'un « coup politique » qui aurait pour but de mettre au pas un opposant. Une opération de police menée sans la moindre irrégularité dans le cadre de l'affaire des assistants parlementaires européens, mais qualifiée de « coup de force » par l'intéressé, qui reviendra sur l'affaire dans un livre, *Et ainsi de suite*[1], au sous-titre explicite : « Un procès politique en France ». « Personne ne me touche, ma personne est sacrée. La République, c'est moi ! », oubliant que son immunité parlementaire, qui le protège en tant que député, n'empêche pas les actes d'enquête. Pour le leader insoumis

1. Paru chez Plon en 2019.

et le représentant de la droite bourgeoise, à quelques mois d'intervalle, même combat, même tactique, même mise en cause de l'institution judiciaire et de ses relais médiatiques. François Fillon, lui aussi, choisit ce terrain, alors que se profile sa mise en examen : «J'entends plus que jamais porter le projet de redressement et de modernisation de la France, conformément au mandat qui m'a été donné par 4,4 millions de nos concitoyens. Je m'en remets donc désormais au seul jugement du suffrage universel. » C'est à cela que l'on reconnaît habituellement un populiste : à considérer que rien n'est fondé à arrêter la volonté populaire, pas même le respect des règles de droit. Donald Trump ne dit rien de différent quand il affirme que la procédure d'*impeachment* qui le vise est une insulte à ses millions d'électeurs. Même lorsqu'elle est rendue au nom du peuple, la justice disconvient aux populistes qui font les frais de son verdict. Triste séquence, néanmoins : trois des quatre demi-finalistes de la présidentielle de 2017 se trouvent mis en cause dans des affaires similaires d'emplois fictifs. Autant de jetons dans la machine du « tous pourris » qui éclabousse ici y compris ceux dont c'est d'habitude le slogan. Dislocation démocratique peut-être plus grave encore : les soutiens de Jean-Luc Mélenchon, ceux de Marine Le Pen, ceux de François Fillon se sont montrés sensibles, pour une part non négligeable d'entre eux, à la thèse de la machination politique.

Résultat, le quinquennat de François Hollande se termine de pâle façon : l'homme en poste à l'Élysée est si affaibli qu'il ne peut pas se représenter. Il incarne, aux yeux de l'opinion, ce que les populistes dénoncent au premier rang : la trahison des valeurs et celle des promesses faites au peuple. Pire, alors que le président Hollande n'a été éclaboussé personnellement par aucune procédure judiciaire – contrairement à ses deux prédécesseurs –, il a eu à subir l'affront de l'affaire Cahuzac, symbole de duplicité et de cupidité des élites pour l'opinion. En face, le candidat de l'autre principale force politique, qui se partage le pouvoir avec le Parti socialiste depuis plusieurs décennies, incarne ce que les populistes réprouvent aussi depuis toujours : l'immoralisme et le parasitisme des élites. Malgré eux, de façon involontaire si ce n'est inconsciente, les deux François auront poussé la roue dans le même sens et créé les conditions atmosphériques idéales pour que s'installe sur le pays un anticyclone populiste particulièrement stable. Les prévisions météorologiques sont parfois démenties, mais il arrive qu'elles se confirment : à la présidentielle de 2017, aucun des deux principaux partis de gouvernement ne passera le premier tour, leurs scores cumulés atteignant péniblement le quart des suffrages exprimés ; les suffrages cumulés des candidats populistes atteindront, eux, le score inédit de 48,5 %.

Le populisme macronien, de la conquête à l'exercice du pouvoir

La campagne d'Emmanuel Macron n'a pas hésité à actionner des ressorts antisystèmes, renvoyant le monde d'avant à son inertie, et ses représentants à leurs lâches renoncements et leurs médiocres accommodements.

Avec ce nouveau président, plus jeune, différent, une promesse de renouvellement, de vrai changement, d'efficacité et de résultats tant attendus, d'ambition réformatrice, en forme de coup de pied dans la fourmilière, enfin. D'horizontalité aussi, mise en pratique pendant la campagne, avec un programme « coconstruit » par les marcheurs, sur le terrain et en ligne. Une démocratie 4.0. Une révolution, en somme – c'est d'ailleurs le titre de l'ouvrage publié par le candidat pendant la campagne –, mais une révolution bienveillante et souriante. La fin d'un système présenté comme sclérosé, torpillé par un inspecteur des finances passé par la banque d'affaires, mais qu'importe. Beaucoup ont eu envie d'y croire et se sont trouvé un goût pour la politique alors qu'ils s'en étaient toujours tenus éloignés. Des « primo-militants », soignés de leur désintérêt voire de leur dégoût pour le système des partis et pour des idéologies jugées compassées, sautant le pas de l'engagement. Une démocratie régénérée et un peuple réconcilié avec la chose publique. Tout un programme. Un populisme « light ».

Au pouvoir, les choses vont se gâter assez vite. Et ce populisme « light » va changer de nature. Dès les premiers jours de son quinquennat, Emmanuel Macron lance au Parlement la réforme baptisée « pour la confiance dans la vie politique ». « Le projet le plus urgent », assurait le candidat lors de ses réunions publiques. Une façon de surfer sur l'affaire Fillon puisque le projet de loi prévoit d'interdire par exemple les emplois familiaux des députés et des sénateurs. Démagogie pure : ce que la justice reproche à Pénélope

Fillon n'est aucunement d'être la femme de son employeur mais d'avoir laissé fort peu de traces d'un travail concret ; qui plus est, serions-nous tentés d'ajouter, pour un niveau d'émoluments très supérieur à la pratique habituelle. Du côté du Président, c'est aussi une façon implicite de renvoyer dos à dos les « vieux » partis, qui se sont perdus dans ce genre de pratiques anciennes et courantes. Par contraste, le mouvement présidentiel En Marche !, qui souffle alors tout juste sa première bougie, est donc trop jeune pour être touché par les affaires. Dans les années 90, un parti s'était risqué à adopter une posture moralisatrice : le Front national et son slogan « Mains propres, tête haute », avant d'être à son tour rattrapé quelques années plus tard par les affaires. En 2017, la majorité n'aura eu que quelques jours à attendre pour être emportée dans un tourbillon politico-judiciaire. Deux affaires financières – celle des Mutuelles de Bretagne et celle des assistants parlementaires européens du MoDem – éclaboussent plusieurs membres du gouvernement, provoquant un remaniement subi par le chef de l'État, mettant en cause deux ministres régaliens, le garde des Sceaux lui-même et la ministre de la Défense.

Ouvert par cette mesure dont certains élus ont dénoncé le parfum populiste, lié à une insatiable demande populaire de transparence de la vie politique, de « laver plus blanc que blanc », le quinquennat d'Emmanuel Macron se referme avec une autre réforme visant le sommet de l'État. Cette fois, ce sont les grands commis du pouvoir qui sont ciblés par le président de la République en avril 2021. Ce jour-là, il réunit en visioconférence près de six cents hauts fonctionnaires à l'occasion d'une convention managériale pour leur présenter une refonte de leur recrutement, de leur formation mais aussi de leur carrière. « On refera la France si les élites et la base se reconnaissent l'une l'autre, se comprennent, agissent main dans la main », dit Emmanuel Macron dans son discours. Quinze ans après cet engagement de campagne formulé simultanément par François Bayrou et Jean-Marie Le Pen, l'ENA est supprimée comme un scalp offert par le président de la République au bon peuple faisant de sa haute fonction publique un bouc émissaire facile, à l'issue d'une séquence où chacun y est allé de son couplet contre une bureaucratie incapable de gérer la crise sanitaire et sociale de façon satisfaisante, oubliant qu'aucun grand pays n'avait véritablement opéré plus efficacement.

La pente du populisme autoritaire

L'image est lourde en symbole, retransmise en direct sur les chaînes d'information en continu. Ce 30 octobre 2017, Emmanuel Macron signe depuis un salon du palais de l'Élysée la loi « renforçant la sécurité intérieure et la lutte contre le terrorisme ». Deux membres du gouvernement encadrent le président de la République : le ministre de l'Intérieur, Gérard Collomb, d'un côté et le porte-parole du gouvernement, Christophe Castaner, de l'autre. Une personne manque étrangement à l'appel : Nicole Belloubet, la garde des Sceaux. Une absence interprétée par quelques observateurs comme un désaveu, tant le texte législatif qui entre en application confie de nombreux pouvoirs supplémentaires aux autorités administratives, aux dépens du juge judiciaire. Dans l'opposition, nombreux sont les élus qui le disent ouvertement, mais la polémique dépasse bientôt les frontières nationales quand une agence de l'Onu le dit publiquement en septembre 2017. La France, un pays qui malmène les libertés individuelles ? La controverse fait désordre et rebondit un an plus tard, dans un tout autre contexte. Les rassemblements de Gilets jaunes et leur encadrement par les forces de sécurité questionnent la doctrine de maintien de l'ordre. L'opposition, à gauche, demande s'il est encore possible de manifester librement dans le pays, face à une flambée de violence sociale inédite, faite de débordements permanents auxquels la police riposte sans ménagement, enclenchant une macabre comptabilité des coups et blessures subis par les manifestants. On dénombre, selon le journaliste David Dufresne qui suit le mouvement et signale toutes les violences policières au ministère, 2 morts, 27 éborgnés, 5 mains arrachées. Selon les autorités, en novembre 2019, ces manifestations auront fait 4 300 blessés (2 500 manifestants, 1 800 policiers). Nouvelle réplique à l'occasion de la réforme des retraites, à la fin de l'année 2019. La France deviendrait-elle un « État policier » ?

Par-delà les frontières, on s'interroge. « Douce France. À droite toute ! » titre l'hebdomadaire *Courrier international* dans son édition du 3 décembre 2020, mettant à sa une un dessin de presse représentant Emmanuel Macron en uniforme militaire. On peut notamment lire dans cette revue de la presse internationale l'inquiétude du magazine américain *The Atlantic* au sujet de la loi sécurité et les conséquences incertaines de l'article 24 sur la liberté d'informer des journalistes. Même doutes formulés outre-Rhin dans les colonnes du quotidien allemand *Handelsblatt* qui voit avec regret le temps consacré par Emmanuel Macron aux sujets sécuritaires et identitaires au détriment de l'ambition européenne... Ce procès en autoritarisme n'est pas du goût du chef de l'État qui le dit le 23 janvier 2020, lors d'un entretien avec un journaliste au retour d'un déplacement à l'étranger : « Aujourd'hui s'est installée dans notre société, et de manière séditieuse par des discours politiques, l'idée que nous ne serions plus dans une démocratie, qu'une forme de dictature s'est installée [...]. Si la France c'est cela, essayez la dictature et vous verrez ! », s'emporte-t-il. Un raccourci et une simplification à outrance qui évite au Président un questionnement sur le bien-fondé de certaines mesures qui encadrent et restreignent les libertés publiques, collectives et individuelles. Un procédé que n'auraient pas renié certains populistes pour esquiver un débat de fond potentiellement inconfortable. Sans accréditer la thèse que la France, au gré de ces crises, a basculé dans un autre régime, n'est-il pas légitime, en démocratie, de s'interroger sur l'équilibre des pouvoirs, la place et l'expression des oppositions, la demande de participation citoyenne ? Seuls, précisément, les populistes y répugnent.

Les mots du pouvoir ou la mécanique du mépris

Ce 15 octobre 2017, TF1 décroche la première grande interview d'Emmanuel Macron, six mois après sa prise de fonctions à l'Élysée. Au cours de l'entretien, Gilles Bouleau interroge le chef de l'État sur les conséquences politiques de certaines de ses déclarations, qualifiées de « petites phrases », perçues parfois comme humiliantes et méprisantes à l'endroit des Français. Dix jours avant cet entretien à la télévision, le 5 octobre, en déplacement à Égletons en Corrèze, une vidéo montre Emmanuel Macron s'adressant, en aparté, au président du Conseil régional au sujet des ouvriers d'une fonderie qui manifestent non loin du lieu de la visite présidentielle : « Il y en a certains, au lieu de foutre le bordel, qui feraient mieux d'aller regarder s'ils ont des postes là-bas. » La déclaration est immédiatement reprise et commentée. Quelques semaines auparavant, une autre vidéo, officiellement postée sur le compte de la conseillère en communication de l'Élysée, montre le Président, dans le huis clos d'une réunion de travail, dénoncer le peu d'efficacité de la politique sociale : « La politique sociale, regardez... on met un pognon de dingue dans des minima sociaux, les gens ils sont quand même pauvres. On n'en sort pas ! » « Bordel » et « pognon de dingue »... Emmanuel Macron, lauréat du concours général de français, assistant du philosophe Paul Ricœur, sorti de la botte de l'ENA, sait mieux que personne choisir ses mots. Sur TF1, le Président assume : « Nos élites politiques se sont habituées à ne plus dire les choses. Je continuerai à dire les choses, à parfois m'emporter quand je discute avec les citoyens », argumente-t-il. Et d'enfoncer le clou : « Je ne suis pas dans un système de complaisance avec le réel. J'essaie de le nommer, parfois crûment. » Faut-il parler « cash » pour ne pas se couper du peuple quand on est au sommet du pouvoir ? La « métaphore du Kärcher » comme dernier avatar de la parole politique. Quelques mois auparavant, le candidat en campagne est pourtant celui qui dit vouloir s'inscrire en opposition avec une « présidence bavarde », en défendant une hauteur de la fonction et une solennité de l'expression. Carabistouilles ?

Comme si la géométrie dans l'espace n'était pas la matière forte d'Emmanuel Macron, oscillant toujours entre horizontalité et verticalité. La première, privilégiée pendant sa campagne, ici revisitée sous forme de familiarité dans l'expression. La seconde, devenue comme une seconde nature, dans l'exercice du pouvoir. Il est intéressant d'observer combien chaque président aura tenté d'affirmer sa singularité en opposition et contraste avec son prédécesseur. En réponse à la présidence « excitée » de Nicolas Sarkozy, François Hollande, avec une inspiration relative, aura prétendu incarner une présidence « normale ». Au manque d'autorité que l'opinion a vu dans cette dernière, Emmanuel Macron a, lui, fait le choix de substituer un art du pouvoir tout en surplomb et une posture descendante. Parfois même jugée condescendante, c'est tout le problème. Là où François Hollande, par le choix d'une posture purgée de toute affectation, faite de proximité horizontale, affichait la volonté de se situer de plain-pied avec ses concitoyens,

Emmanuel Macron s'est déguisé en Jupiter. L'horizontalité de François Hollande pendant la période – brève – où elle a plutôt fonctionné lui a valu la sympathie de l'opinion ; au moment du retournement de popularité, la sympathie s'est muée en mépris. La verticalité d'Emmanuel Macron, pendant la durée où elle a opéré, lui a valu le respect de l'opinion ; au moment du retournement, elle s'est muée en haine.

2022 : à chacun son populisme

Jean-Luc Mélenchon et Marine Le Pen : le populisme à reculons ?

La boussole semble devenir un outil obsolète pour les observateurs de la vie politique, tant le positionnement des élus et des responsables est changeant. Le nord n'est pas toujours là où on le pense. Marine Le Pen mène l'offensive pour défendre l'ENA, alors que la dénonciation haineuse de la technocratie – tant française que bruxelloise – a toujours été au centre du corpus du Front-Rassemblement national. Elle porte dans le même temps le combat contre les éoliennes, sujet d'intérêt national, en tant que « Présidente du premier mouvement politique français », écrit-elle dans une tribune publiée dans *Le Figaro*. Et sur le sujet de l'immigration, le ministre de l'Intérieur, Gérald Darmanin, en arrive à considérer qu'il tient une position plus ferme que la candidate à la présidentielle, coupable de « mollesse », selon ses propres termes. « Essayez un mouvement national, sage, raisonnable, lucide ! Donnez-nous notre chance ! », lance Marine Le Pen au moment des élections régionales du printemps 2021, étape décisive pour le parti dans sa marche vers le pouvoir... La présidente du Rassemblement national, qui assure qu'elle quittera ses fonctions de direction de son parti une fois sa candidature officialisée, peut se permettre cette modération affichée avec l'objectif de se notabiliser. Son patronyme ne laisse, aux yeux des Français, aucun doute sur sa filiation politique. Mais aussi parce que l'écurie qui peut encore la challenger sur le terrain militant et des idées, Les Républicains, est, à un an de la présidentielle, dans un état de convalescence, sans candidat encore désigné pour l'Élysée. Marine Le Pen en profite donc pour occuper pleinement le terrain.

Jean-Luc Mélenchon s'inscrit aussi dans cette quête de respectabilité. Pour annoncer sa candidature à l'élection présidentielle, il ne choisit pas les réseaux sociaux qu'il affectionne tant. Le leader de La France insoumise, très classiquement, présente son ambition sur le plateau du journal télévisé de TF1, au format plus contraint mais avec une audience incomparable. Dans le même temps, son mouvement met en ligne une plateforme programmatique intitulée « Nous sommes pour ». En apparence, une dénomination qui se veut plus rassembleuse que les slogans de 2012 – « Qu'ils s'en aillent tous » – et de 2017 – « La force du peuple ». Pour l'emporter, l'ancien candidat à la présidentielle ouvre les bras. S'il refuse toujours d'envisager une alliance avec le Parti socialiste et les écologistes, il se fait moins virulent à leur égard que par le passé. « Nous n'avons rien à gagner à nous jeter des pierres », plaide-t-il désormais, sachant pertinemment les difficultés structurelles et politiques de ces deux formations. À 70 ans, Jean-Luc Mélenchon envisage la conflictualité d'une autre manière. Marine Le Pen est plus jeune que son adversaire de la France insoumise. Mais elle peut raisonnablement penser que cette troisième tentative pour s'emparer de l'Élysée en 2022 sera, comme celle de Jean-Luc Mélenchon, sa dernière bataille présidentielle. Certains la poussent à renoncer, estimant que sa personnalité trop clivante est une barrière infranchissable pour une majorité d'électeurs français, alors que nombre d'alliés européens du Rassemblement national sont parvenus au pouvoir ces dernières années. Pour d'autres, c'est la stratégie de dédiabolisation qui mérite d'être contestée, participant d'un affadissement et synonyme de banalisation. Un échec pour l'un et l'autre en 2022 signerait, en principe, la fin de leur carrière politique au plan national.

Xavier Bertrand : « l'assureur militant »

En cette année 2021, Xavier Bertrand laisse planer le doute sur son positionnement. Certains au sein de sa garde rapprochée l'incitent à rassembler largement, en dépassant les clivages partisans traditionnels et présumés être obsolètes. N'avait-il pas d'ailleurs dans son fief des Hauts-de-France dû, à la faveur d'événements davantage subis que volontairement maîtrisés, incarner ce vaste rassemblement pour faire barrage à Marine Le Pen, cinq ans auparavant ? Cette fois, le match se déporte d'une présidence de région à celle de la République. D'Arnaud Montebourg, ancien ministre socialiste, partisan du souverainisme économique, au général Pierre de Villiers, au profil censé incarner l'autorité et les valeurs historiques de la France, le président de la région des Hauts-de-France multiplie les hommages, comme pour mieux se placer en point d'équilibre de l'arc républicain le plus large. Son parcours plaide en sa faveur. Il n'est réputé être au sein de sa famille politique ni un radical zélé, ni un centriste modéré. Soutien de François Fillon lors de la primaire de son parti en 2016, son passage par les ministères de la Santé et du Travail lui confère une image « sociale » qui lui permet de s'ancrer durablement dans le département populaire de l'Aisne. Mais quand il s'agit de s'opposer à Marine Le Pen, lors des élections régionales de 2015, il sait opportunément mettre le cap résolument à droite. Ainsi, on l'entend dire au cours de cette campagne qu'il faut tout faire pour contrer « l'imam Google », qui participe à l'augmentation de la radicalisation religieuse sur Internet. Après un nouveau sommet européen sur les migrants, il demande cette fois un blocus maritime pur et simple au large des côtes libyennes. Et alors que le sujet de l'« ensauvagement » de la société occupe la une de l'actualité estivale en 2020, sur BFMTV, il étrille le bilan sécuritaire d'Emmanuel Macron, évoquant un été « Orange mécanique », reprenant le titre d'un essai très polémique et critiqué de Laurent Obertone sur l'ultraviolence qui ravagerait la France.

À l'approche de la campagne des régionales du printemps dernier, et avec la perspective de la présidentielle dans la foulée, c'est bien ce créneau-là qu'a décidé de privilégier Xavier Bertrand. Cap à droite, nettement à droite. L'heure n'est plus à fédérer les talents dans un grand rassemblement en forme d'union nationale, mais à cliver autour des questions sécuritaires qui seraient, selon lui, le talon d'Achille du président sortant. Il durcit donc son jeu, et les coups qu'il porte ont un air de « déjà-vu ». « Je viens du peuple... je n'oublie pas d'où je viens. Agent d'assurances à Flavy-le-Martel, ce n'est pas pareil que banquier d'affaires ou héritière », lance-t-il dans un entretien à l'hebdomadaire *Le Point*, en forme de tacle appuyé à Emmanuel Macron et Marine Le Pen, qui ne seraient pas, par déduction, du même côté du manche que lui, l'homme du peuple. C'est donc en revendiquant cette extraction modeste et armé de ce bon sens populaire qu'il entre en campagne, et qu'il dit vouloir prendre, comme « premier acte » de son mandat, une loi de programmation quinquennale pour la sécurité des Français. Dans son projet, il est question du retour des peines planchers mises en place sous le quinquennat de Nicolas Sarkozy ou encore de l'abaissement de la majorité pénale à quinze ans. Mais l'aspirant à l'Élysée va plus loin que l'ancien chef de l'État puisqu'il propose une rétention de sûreté de cinquante ans pour les condamnés à des faits de terrorisme. Une peine qui n'existe pas en l'état actuel du droit français. Peu importe, dans l'esprit de Xavier Bertrand, qui souhaite que la mesure soit rétroactive et qui entend la soumettre à référendum. Une façon simple de contourner la démocratie représentative qui pourrait se montrer réticente et d'opérer la réforme constitutionnelle nécessaire à l'application d'une telle idée. Certains crient au « populisme judiciaire », y compris dans l'entourage de Marine Le Pen. L'appel au peuple et à l'extrême fermeté, un classique de tout dirigeant populiste. Le député Les Républicains Guillaume Peltier, soutien affiché de Xavier Bertrand, va même encore plus loin en défendant le principe d'une « justice exceptionnelle » pour condamner « sans appel possible » les individus radicalisés, sur la base de soupçons avérés... Il est recadré très vite par son parti, mais la ficelle semble grosse. La stratégie du ballon d'essai ou du poisson pilote, disent ses opposants. En tout cas, c'est bien sur cet argumentaire que Xavier Bertrand sera réélu aux régionales de juin 2021, très largement devant ses concurrents, et assez facilement vis-à-vis d'autres élus de droite.

Jupiter, « premier flic de France »

Preuve qu'à un an de l'échéance présidentielle le profil de Xavier Bertrand inquiète, la majorité s'était mobilisée en nombre dans le scrutin local des Hauts-de-France. Pour défier le président sortant du conseil régional, en plus de Laurent Pietraszewski, chargé du portefeuille des retraites au sein du gouvernement, le chef de l'État avait demandé le renfort d'Éric Dupond-Moretti. Plus que le verbe, que cet avocat de renom sait porter haut, c'est le parcours du garde des Sceaux qui est mis en avant dans la campagne. Fils d'une femme de ménage et d'un ouvrier, il n'est pas énarque. Un pur produit de la méritocratie qui n'a pas non plus fait ses classes dans les écuries partisanes. La France périphérique, il la connaît pour y avoir traîné sa robe d'avocat dans tous les palais de justice de l'Hexagone. Autre carte populaire dégainée par le parti LREM, Gérald Darmanin, ministre de l'Intérieur, élu sur la liste de Xavier Bertrand en 2015. N'est-ce pas lui qui, dans les colonnes du *Journal du dimanche*, ce 24 mai 2020, quelques jours après sa réélection au premier tour des municipales à Tourcoing, avait lancé l'avertissement : « Il faut mener une politique pour le peuple » ? L'air de rien, celui qui occupait le ministère du Budget jusqu'à sa nomination place Beauvau, joue la carte sociale au sein de la majorité : « On voit bien qu'il faut mieux répartir les richesses. » Gérald Darmanin est un récidiviste. À chacune de ses interventions médiatiques, il ne manque jamais de rappeler ses origines modestes et son ancrage dans le département du Nord. « Mon ADN, c'est d'être un élu local, à portée d'engueulade », dit-il au *JDD*. « Outre la confiance du Président et du Premier ministre, c'est là que je puise ma légitimité. [...] Quand je parle du pouvoir d'achat des Français, de leurs difficultés, je sais ce que ça veut dire... » Des mots qui pourraient être empruntés à Jean-Luc Mélenchon. Le leader insoumis ne dit pas le contraire quand il assure : « Je suis le peuple. » Gérald Darmanin connaît aussi l'importance de choisir ses mots quand il s'agit d'évoquer le sujet de la sécurité. Le 18 mai 2021, à la veille d'une manifestation de policiers devant l'Assemblée nationale à laquelle il choisit de participer de façon inédite pour un ministre de l'Intérieur en exercice, Gérald Darmanin revient sur le sujet des statistiques comme outil de mesure de la délinquance. Il est celui qui a remis au goût du jour les points mensuels présentant l'activité de son ministère mais cela ne l'empêche pas pour autant d'assurer préférer « le bon sens du boucher-charcutier de Tourcoing » aux statistiques publiques. Une déclaration du même registre que celle faite quelques jours auparavant par le chef de l'État. Dans une interview au *Figaro* sur le sujet de la sécurité, Emmanuel Macron assure que d'ici la fin de son mandat, avec l'augmentation des effectifs de policiers, « chaque Français verra plus de bleu sur le terrain ». Histoire de garantir que le parti de l'ordre est bien au pouvoir. Se fier au ressenti de sa population, baser le bilan d'une action sur les apparences plutôt que sur les résultats ou la tentation du « populisme émotionnel ». En accélérant sur ce thème à la fin de son mandat, le président de la République ne veut rien lâcher sur ce terrain réputé être un sujet acquis à la droite et l'extrême droite.

Marine Le Pen, meilleure opposante...

Les évolutions de la société française au cours de ces dernières années traduisent tout à la fois un enracinement populiste et un déport vers la droite. Cette double dynamique offre ainsi une prime, désormais très nette, à Marine Le Pen sur Jean-Luc Mélenchon. L'écart entre eux était inférieur à deux points au 1er tour de l'élection présidentielle de 2017 ; il est aujourd'hui revenu à ce qu'il était en 2016, soit une échelle du simple au double. Marine Le Pen s'est donc bel et bien imposée pendant ce quinquennat comme la meilleure opposante au président en exercice, Jean-Luc Mélenchon n'ayant jamais réussi, en dépit de ses ambitions affichées, à lui disputer ce statut. À la faveur de ce glissement, celle-ci a même opéré un « recentrage » stratégique qui donne la priorité, plutôt qu'à une convergence des populistes, à une « union des patriotes ». Aujourd'hui, « la République, c'est elle », peut-elle fanfaronner avec davantage de succès que son homologue de la gauche radicale. La « force tranquille » et la « France apaisée » sont ainsi devenues les bannières derrière lesquelles la présidente du Rassemblement national cherche à fédérer le plus largement possible, laissant entendre que son équipe de France à elle pourrait aller d'Éric Zemmour à Arnaud Montebourg.

Le résultat est là : en quarante ans, le national-populisme a réussi un véritable hold-up électoral. Il a, dans un premier temps, émergé en réalisant une OPA sur une partie des classes moyennes culturellement proches de la droite, faite de petits indépendants, d'artisans, de commerçants, avec un discours prenant pour cible dans le même temps le « fiscalisme » et l'« immigrationnisme ». Le Pen père, fidèle à son engagement de jeunesse, récoltait ainsi les fruits de l'héritage poujadiste. Le Front national a ensuite prospéré en y agrégeant une part croissante – et désormais majoritaire – des classes populaires : chez les ouvriers d'abord puis dans une moindre mesure chez les employés, toutes catégories confisquées non plus à la droite mais, cette fois, à une gauche confrontée depuis les années 80 à l'exercice du pouvoir et à la « déceptivité » qui en est le corollaire.

Une nouvelle majorité sociologique pourrait-elle, selon l'expression consacrée, rejoindre une nouvelle majorité politique en 2022, avec Marine Le Pen à la manœuvre pour résoudre la même équation que celle de François Mitterrand à quarante ans de distance ? Pour y parvenir, il reste un troisième étage à arrimer à la fusée : celui des cadres et des retraités, deux catégories qui résistent aux assauts du Rassemblement national même si celui-ci rencontre auprès d'elles un écho croissant. Une proportion suffisante de ces dernières pourrait-elle basculer ? À ce jour, les catégories intellectuelles demeurent résolument fidèles à la gauche et la bourgeoisie économique largement fidèle à la droite classique – qu'elle se donne le visage d'un membre des Républicains ou celui, en apparence plus flou, d'Emmanuel Macron. L'extrême droite transgresse les valeurs morales des uns et menace les valeurs patrimoniales des autres. Même si « la poutre travaille », voilà un nœud difficile à dénouer pour la présidente du Rassemblement national.

Nous savons toutefois un principe acquis : la victoire de Marine Le Pen est désormais possible. Une note de la Fondation Jean-Jaurès[1] en a fait une analyse fine en mettant en avant trois effets de levier. D'abord, le succès réel de son entreprise de « dédiabolisation », voire de normalisation. Marine Le Pen n'est plus perçue comme une menace démocratique mais comme une candidate légitime à exercer des responsabilités. Selon une étude

1. Antoine Bristielle, Tristan Guerra, Max-Valentin Robert, *2022 : évaluation du risque Le Pen*, Note de la Fondation Jean-Jaurès, avril 2021.

Kantar de mai 2021, la capacité du RN à accéder un jour au pouvoir ne fait plus de doute pour 55 % des Français. Prophétie autoréalisatrice ? Deuxième levier, la porosité est devenue très forte entre sa formation politique et les sympathisants des Républicains. Entre ceux-là, les vases n'ont jamais communiqué avec autant de fluidité. Sébastien Chenu, Jean-Paul Garraud et Thierry Mariani... Lors des élections régionales de 2021, le Rassemblement national a catapulté en tête de liste trois figures médiatiques et expérimentées venues des rangs de la droite républicaine, dont un ancien ministre de Nicolas Sarkozy – cela n'aura pas suffi, mais, au moins en PACA, il aura fallu une union de dernière minute dans le camp d'en face pour faire échec au candidat RN, Thierry Mariani. L'union des droites, à cette aune, en constituerait le débouché logique. Enfin, dernier levier, parce que Emmanuel Macron est, en l'espèce, le meilleur allié en même temps que le meilleur adversaire de Marine Le Pen, tant est vif le rejet qu'il suscite. L'antimacronisme, chez nombre d'électeurs – de La France insoumise au premier chef –, pourrait ainsi surpasser l'antilepénisme. Mais jusqu'à quel point ?

... mais piètre candidate ?

Aujourd'hui possible, la victoire de Marine Le Pen en devient-elle probable ? La prudence est de mise et la réponse, de nombreux mois avant l'échéance, mérite d'être nuancée. Prenons toutefois notre risque : cette hypothèse demeure aujourd'hui très peu probable. Ce à quoi concourent plusieurs facteurs qui additionnent leurs effets. Premier d'entre eux, si des préventions sont aujourd'hui levées vis-à-vis du Rassemblement national, de nombreuses demeurent : une proportion significative de nos concitoyens voit encore le parti de Marine Le Pen comme un danger pour la démocratie – en baisse de 4 % depuis 2017 mais encore à 58 % – et avec un vrai déficit de crédibilité quant à sa capacité à exercer la fonction suprême – une minorité d'électeurs, à 42 %. De ce point de vue, les dégâts de son débat raté d'entre-deux-tours en 2017 n'ont été que partiellement rattrapés. Cerise sur le gâteau tout de même : ils sont aussi plus de 6 sur 10 (62 %) à la considérer comme raciste ; dans un pays qui continue d'afficher l'égalité parmi ses valeurs fondamentales, on peut y voir un frein supplémentaire.

Ensuite, on l'oublie trop souvent, mais Marine Le Pen demeure une « mauvaise » candidate en campagne : en 2012 comme en 2017, son score final fut systématiquement plus bas – de 5 points en moyenne – que toutes les estimations enregistrées dans les mois précédant le scrutin. La candidate de l'extrême droite se situait ainsi dans une fourchette de 20-25 % d'intentions de vote un an avant la présidentielle de 2012 pour ne terminer qu'à 17,9 % et une fourchette de 25-30 % un an avant la présidentielle de 2017 pour finir à 21,3 %. Autrement dit, en campagne, Marine Le Pen n'engrange pas de points, elle en perd. Il faut en prime souligner qu'elle se situe, un an avant la présidentielle de 2022, à un niveau inférieur à celui qui était le sien en 2016, alors même que le contexte lui est au moins aussi favorable. La menace terroriste n'a pas cédé de terrain, l'obsession sécuritaire persiste, la colère des Gilets jaunes n'a pas trouvé de débouché politique durable et le Covid est venu ajouter son lot de peurs et d'incertitudes économiques et sociales. Les charbons sont donc ardents, et Marine Le Pen reste à son étiage habituel.

Troisième faiblesse, de taille : le Rassemblement national, malgré son enracinement dans notre vie démocratique depuis plusieurs décennies, demeure sans implantation locale, si ce n'est marginale. Il y a bien sûr la direction de l'exécutif municipal de la commune de Hénin-Beaumont depuis 2014, ou celui plus récent de la ville de Perpignan. Mais c'est à peu près tout, avec un recul inédit enregistré lors des élections municipales de 2020 et régionales de 2021, qui ont vu le Rassemblement national perdre quasiment la moitié de ses sièges dans les différentes collectivités locales. En découlent une maigre expérience des responsabilités et une grande faiblesse de l'encadrement militant. Le Rassemblement national pointe chez ses concurrents une déconnexion avec le peuple et ses réalités, mais l'arithmétique électorale devrait l'inciter à davantage de modestie : le mouvement d'extrême droite ne sait que très exceptionnellement, au plan local, se montrer aligné avec les attentes populaires au point de convaincre une majorité de s'en remettre à sa gestion. Les réélections faciles des maires sortants élus sous la bannière du RN, à Béziers et ailleurs, ne doivent pas faire oublier que, sur plus de 30 000 communes, le RN n'en a conquis qu'une poignée de taille relativement modeste – à l'exception de Perpignan et Béziers, bastions pieds-noirs historiques à la sociologie très favorable. Pour le reste, suprême paradoxe, le RN dénonce des élites « hors sol » et fait la promotion du « localisme » alors qu'il est lui-même dépourvu d'ancrage local, n'ayant pas su progresser depuis ces premières victoires municipales de 1995.

Cette difficulté à obtenir les faveurs du peuple lorsqu'il est démocratiquement sollicité pour la gestion des collectivités locales a trouvé une énième illustration avec le scrutin régional de juin 2021. Une expérience qui n'est pas sans rappeler le précédent de 2015, où nombre de régions étaient promises au Front national et où, en définitive, aucune des quatre devant tomber dans son escarcelle n'avait alors basculé, malgré des scores très supérieurs – de 10 points environ – à ceux atteints en 2021. Le « plafond de verre » longtemps invoqué, serait-il en verre « Securit » ?

L'impasse démocratique : du décrochage des citoyens au déphasage des pouvoirs

Plus globalement, ce scrutin régional, dernière élection intermédiaire avant l'échéance majeure du printemps 2022, est riche et d'enseignements et de questionnements. Une victoire du Rassemblement national, plus ou moins annoncée en région PACA avec en tête de liste un ancien ministre sarkozyste, aurait pu donner un élan symbolique considérable au mouvement quelques mois avant la présidentielle. Jamais sans doute une élection régionale n'avait revêtu une dimension aussi stratégique. Il n'en a rien été. En revanche, ce scrutin prolonge deux tendances. La première est celle d'un décrochage démocratique : le parti des abstentionnistes domine le paysage d'écrasante façon, entre désintérêt et dégoût. On peut néanmoins déplorer cette abstention tout en la trouvant préférable à un surcroît de voix à l'extrême droite. Le recul de la participation enregistré au printemps 2021 est d'ailleurs encore supérieur à celui observé au moment des municipales de 2020, dans un contexte sanitaire pourtant bien plus contraint. Faut-il y voir le simple effet d'une insouciance liée aux premiers agréments du déconfinement, du printemps, de l'actualité footballistique, du retour à une vie normale et légère éloignée des préoccupations civiques ? Ou faut-il y voir au contraire l'affirmation d'une tendance plus profonde au sein de la population, de plus en plus distanciée face aux affaires publiques, et d'un fossé désormais structurel ? La pandémie a fonctionné en bien des domaines comme un amplificateur de signaux faibles et de tendances fortes – de la transition numérique à la massification du télétravail pour ne prendre que deux exemples : son impact pourrait également accentuer une forme d'apathie démocratique dont les prémices étaient perceptibles antérieurement.

L'autre tendance confortée par les régionales relève du déphasage démocratique entre politique locale et politique nationale. Il y a en effet un « désemboîtement » inédit entre les forces qui dominent localement – LR et le PS, qui ont conforté leurs positions aux municipales comme aux régionales – et le duel au sommet de l'État qui, depuis 2017, se joue principalement entre Emmanuel Macron et Marine Le Pen, dont les formations sont d'ailleurs arrivées en tête lors des élections européennes de 2019. Si l'on en croit les sondages conduits depuis de nombreux mois, le deuxième tour de l'élection présidentielle de 2022 pourrait ainsi remettre en lice deux personnalités politiques dont l'assise électorale est fondée sur du sable. En cinq ans, la majorité présidentielle et le Rassemblement national se sont en effet montrés incapables de tisser pour la première, d'étendre pour le second, une toile locale.

Cette double tendance – décrochage démocratique des électeurs, déphasage démocratique des forces politiques nationales et locales – conduit à un grippage total de notre machine institutionnelle. La Ve République était censée nous apporter une stabilité politique, qui faisait défaut à la IVe, et une capacité à gouverner : elle produit en réalité une sorte d'aphasie et d'impuissance du pouvoir. Le quinquennat devait, quant à lui, nous apporter une respiration démocratique nouvelle : il engendre une forme d'asphyxie. Les primaires devaient constituer une modernisation pour sélectionner les meilleurs candidats à la magistrature suprême : la gauche comme la droite, en 2017, en ont au contraire éprouvé les limites en se faisant toutes les deux balayer au premier tour, une première dans l'histoire de la Ve République. L'élection présidentielle elle-même, rencontre entre le peuple et celui ou celle destiné.e à le représenter, pourrait pour la deuxième fois consécutive mettre face à face en finale les meilleurs candidats de premier tour mais les pires candidats de second, tant le rejet qu'ils suscitent dans l'opinion est élevé. La crise démocratique qui est la nôtre s'explique notamment par cette impasse institutionnelle. Si le populisme est l'expression politique de la défiance, gageons que le retour de la confiance passera aussi par une réforme de nos institutions.

La copie plutôt que l'original ?

Un autre enseignement de ce scrutin nous renvoie quelques années en arrière : les candidats de droite qui ont adopté les postures les plus décomplexées vis-à-vis de l'électorat frontiste sont ceux qui sont le mieux parvenus à siphonner les voix du Rassemblement national. Ainsi surtout de Xavier Bertrand et Laurent Wauquiez qui auront appliqué sur le plan local la stratégie qui avait tant réussi à Nicolas Sarkozy lors de la présidentielle de 2007. Occuper le terrain de son concurrent de la droite extrême et reprendre ses mots pour aspirer une partie de ses sympathisants, apparemment davantage à l'aise de devoir assumer la copie plutôt que l'original.

Un basculement progressif s'opère, toutefois : alors que l'abstention était jusqu'alors l'alliée des partis protestataires, elle en devient désormais aussi l'adversaire. Comme si la notabilisation des partis antisystème leur valait de subir aujourd'hui la même désaffection que les autres. Comme si le populisme protestataire, à force de s'approcher du pouvoir, perdait le côté sulfureux contribuant à lui en ouvrir les portes. Comme si les deux forces politiques qui ont permis au populisme de prospérer et d'atteindre aujourd'hui un niveau inédit étaient devenues celles qui obstruaient sa victoire finale. L'alliance des populistes – telle que les Italiens, par exemple, l'ont fait vivre avec la Ligue et le Mouvement 5 étoiles – n'est aujourd'hui plus d'actualité. Le populisme de gauche est distancé par un national-populisme lui-même corseté, comme on l'a vu coup sur coup aux élections européennes de 2019, aux municipales de 2020 et, enfin, aux régionales de 2021.

La petite musique questionnant la capacité de rassemblement de Marine Le Pen, entonnée après chaque scrutin, n'a ainsi pas fini de jouer. Même si personne ne semble aujourd'hui dans son camp en capacité de lui disputer le leadership, on sait qu'un Éric Zemmour demeure en embuscade, peinant à dissimuler son appétit électoral et son complexe de supériorité vis-à-vis de la présidente du RN. « Peut-être qu'il faut passer à l'action car la prévision, la prédiction, la prophétie ne suffit pas », selon le prophète qui se fantasme empereur. La contre-performance des régionales du printemps 2021 pourrait booster ses ambitions et fragiliser le dispositif politique autour de Marine Le Pen, dont on mesure la fébrilité à chaque mouvement de l'éditorialiste. S'il devait sortir du bois, lui rendrait-il service en la recentrant, en achevant indirectement l'entreprise de dédiabolisation de cette dernière, débordée à son tour par sa droite ? Ou l'achèverait-il, elle, une fois pour toutes ? Tel est le ressort dangereux avec lequel joue le national-populiste : il finit toujours par se heurter à plus radical et plus puriste que soi, et à se faire reprocher sa mollesse.

Alors, qui gagne à la fin ? L'affaire est complexe. Le fond de l'air est fiévreusement populiste et résolument droitier. Après l'échec politique de François Hollande, en 2017, le pouvoir devait échoir presque mécaniquement à la droite traditionnelle. Dans une variante très conservatrice – mixant Manif pour tous et austérité budgétaire –, François Fillon avait vocation en 2017 à rafler paisiblement la mise. Sa femme, ses costumes et l'ambition gonflée d'un jeune ministre de l'Économie – talentueux et audacieux – ont contrarié ce scénario. Mais les forces profondes ont-elles changé ? Cette séquence de cinq années ne pourrait-elle pas dès lors être analysée comme une parenthèse, improbable à défaut d'être enchantée, ayant vocation à être refermée pour permettre à la rivière de retrouver son lit ? Un candidat venu de la droite traditionnelle et décomplexée, dénonçant le laxisme et l'assistanat, surjouant la question identitaire et sécuritaire, la proximité avec les catégories populaires et ne détestant pas les sorties de route populistes pourrait en effet fournir un portrait-robot assez proche des attentes de l'heure. Les postulants ne manquent pas. Ils s'activent avec force.

Épilogue

Du « tous pourris » au « tous populistes »... no future ?

Telle est la mécanique implacable du populisme, il prospère sur l'écart entre les faits et leur représentation : l'immigration – qui existe et a toujours existé – porterait les prémices d'un grand remplacement ; la délinquance – qui existe et a toujours existé – annoncerait la guerre civile ; la précarité – qui existe et a toujours existé – préparerait un déclassement généralisé ; la corruption – qui existe et a toujours existé – signerait le règne du « tous pourris »... C'est ce qui rend le combat de ses adversaires si difficile à gagner face au discours populiste : il ne suffit pas de réaffirmer des faits avec rigueur pour en modifier la représentation avec efficacité. « Ce que je crois » ou « ce que je ressens » écrase à plates coutures « ce qui est ». Tout ceci concourt à un « sentiment » d'insécurité omniprésent et croissant. À ce sentiment d'insécurité culturelle, économique et physique qui s'enracine sont venues s'ajouter deux menaces : la menace climatique, désormais admise par tous, et la menace sanitaire brutalement surgie sous les traits d'un virus inconnu et lointain, l'une et l'autre étant associées dans l'opinion comme relevant d'un même dérèglement des écosystèmes. À la clé, un profond sentiment de vulnérabilité ainsi qu'une forte demande de protection.

Cela met en lumière un véritable paradoxe. Alors que nous n'avons jamais été aussi riches et aussi puissants, nous ne nous sommes sans doute jamais sentis aussi vulnérables. Paradoxe « au carré », même : les forces politiques qui ont fait de la réponse à la menace climatique et à l'insécurité économique leur raison d'être, mêlant question environnementale et question sociale, demeurent affaiblies. L'écologie politique peine en France à dépasser sa culture mouvementiste et son tropisme minoritaire : malgré ses puissantes victoires aux élections municipales de 2020, elle manque à ce stade d'une dynamique politique au niveau national qui lui permettrait de jouer les premiers rôles à la prochaine présidentielle. La gauche sociale-démocrate, quant à elle, peine toujours, cinq ans après, à se relever du quinquennat de François Hollande. Un président incapable de se représenter, un Premier ministre balayé lors de la primaire de la gauche, un candidat rayé de la carte politique au premier tour de la présidentielle de 2017. Grâce à l'action de François Hollande, premier secrétaire du Parti socialiste pendant dix ans puis candidat heureux à l'élection présidentielle, la gauche de gouvernement n'avait jamais, dans l'histoire de la Ve République, disposé d'autant de pouvoirs qu'en 2012. Occasion historique ratée : à l'issue de son quinquennat, elle n'a jamais été aussi moribonde. La convalescence se prolonge. Jusqu'à quand ?

Car, à la faveur de la crise sanitaire que nous venons de traverser, ce sont bien pourtant les réponses de la gauche sociale-écologiste qui ont été adoptées. D'abord sur le plan des valeurs. En France comme ailleurs, les gouvernements ont placé la santé de leur population au rang de priorité intangible, fût-ce au détriment de grands intérêts économiques. Mieux, pour ce qui est de notre pays, Emmanuel Macron, lors de son intervention du 13 avril 2020, avait de façon explicite et appuyée tourné le dos à la doxa libérale qui guidait son action depuis le début du quinquennat pour réaffirmer, avec des accents rooseveltiens, le bien-fondé de l'État-providence, à conforter dans ses principes et dans son champ d'intervention, et à préserver des logiques du marché. Après des mois de conflit social autour de notre système de soin d'une part, de notre système de retraite d'autre part, cette réhabilitation sonnait comme un puissant mea culpa. Un « besoin de réinvention » proclamé et largement partagé. « Nos vies valent plus que leurs profits », disait le slogan anticapitaliste. C'est bien la ligne qui a été adoptée – presque – partout face au virus. Olivier Besancenot en avait rêvé, le Covid l'a fait.

Quant aux recettes, elles sont précisément celles que la gauche a toujours défendues, faites d'interventionnisme public et de solidarité. Les amortisseurs sociaux ont été déployés « quoi qu'il en coûte » avec une mobilisation de ressources publiques sans précédent. En quelques jours, les dogmes les plus solidement établis ont volé en éclats, la dette le cédant devant la notion de bien commun, l'austérité battue par la planche à billets. Alors que nous nous étions convaincus depuis longtemps de l'étroitesse des marges de manœuvre, les chiffres alignés donnent le tournis : plus de 500 milliards d'euros entre les plans de soutien et de relance. Là où le chiffrage d'un programme présidentiel déjà jugé démagogique et irréalisable ne dépasse généralement pas 50 milliards d'euros, nous avons d'un coup mis sur la table une somme dix fois supérieure... L'équivalent de dix programmes quinquennaux financés en quelques mois. Le pouvoir politique accusé d'impuissance depuis si longtemps relégitimé en un instant. La solidarité a ainsi primé sur tout autre considération : solidarité vis-à-vis des plus fragiles sur le plan sanitaire, solidarité vis-à-vis des actifs frappés par la mise en veille de nos économies, solidarité entre États. À l'exception de frictions très ponctuelles, la coopération entre pays l'a emporté sur la concurrence, sans guerre de vaccins ni guerre de masques. Un virus mortel mais paradoxalement salvateur, nous conduisant à retrouver le sens des choses et le goût des autres.

Il y a même fort à parier qu'une certaine « conscience universelle » se soit renforcée à la faveur de cette crise. Concept théorique ou formule fumeuse jusqu'alors, l'affaire a cette fois pris très concrètement corps : confrontée à la même menace de façon synchronisée, l'humanité a, pour la première fois de son histoire, vécu la même histoire. Et la mondialisation de l'information a abouti à ce qu'elle en partage le même récit. Nul doute que cet événement à proprement parler « historique » aura des conséquences de long terme. Notons d'ailleurs que, en dépit des lourdeurs et des légitimes critiques, la construction européenne s'est renforcée : l'enjeu sanitaire, étranger aux compétences communautaires, a été saisi à bras-le-corps ; le principe d'une solidarité financière entre États, longtemps rejeté, a été finalement adopté par tous, en un temps qu'on peut considérer comme record s'agissant d'une instance regroupant 27 pays aux vues pas toujours convergentes. Cette conscience universelle prend déjà plusieurs visages : l'idée d'un impôt mondial, d'une mutualisation dans l'achat des vaccins entre pays du Nord et d'une mutualisation de leur distribution avec les pays du Sud. Tout ceci déjoue l'idée du repli et de la défiance. Alors, quelle tendance l'emportera à terme ?

Un alignement peut-il se produire, en redonnant un élan politique à la gauche dite de gouvernement alors que ce sont ses préceptes qui sont mis en application ? Cet élan pourrait en tout cas lui venir de l'extérieur. D'abord, avec le modèle offert par Biden et la surprise que constitue sa présidence. De celui-ci – dont Donald Trump avait réussi à convaincre tout le monde qu'il méritait son surnom de « Sleepy Joe » –, personne n'attendait rien, sauf de débarrasser la planète de son prédécesseur. Un modéré sans envergure élu par défaut, ainsi était-il dépeint. L'Histoire ne relève pas de l'écriture automatique et le président américain se révèle être à la hauteur de cette dernière : entre New Deal et plan Marshall remis au goût du jour, Joe Biden donne une leçon de volontarisme politique aux dirigeants du monde entier. Donnant presque un coup de vieux à son homologue français, pourtant deux fois plus jeune. Même la gauche radicale française tresse des louanges à ce digne héritier de Roosevelt mâtiné de Greta Thunberg. L'élan pourrait aussi venir d'outre-Rhin si le voisin allemand, vis-à-vis duquel nous nourrissons tant de complexes, décidait de se donner un.e chancelier.ère écologiste. Si cette perspective semble moins probable que ces derniers mois, elle demeure dans un contexte si changeant une hypothèse. La première puissance mondiale et la première puissance européenne aux mains de ceux qui défendent l'idée de la justice sociale et de la transition environnementale. Un exemple à suivre et un coup d'arrêt aux forces populistes ?

Cet élan pourrait se voir renforcer par une pression de l'opinion chez nous. L'attachement aux services publics « à la française », la lutte contre le réchauffement climatique et le rejet des inégalités sociales demeurent puissants. Comme l'est également la demande d'union de la gauche, ultramajoritaire au sein de chacune de ses composantes, y compris à plus de 80 % chez les sympathisants de La France insoumise. Même si chaque courant s'imagine en porte-drapeau, le « peuple de gauche » sait que son union est un préalable demain, comme elle le fut hier, à son accession au pouvoir.

Cette double pression, venue de modèles étrangers et de la volonté de l'opinion, peut-elle suffire à infléchir une histoire qui semble à ce stade dessiner les contours de la désunion et de l'émiettement ? La pandémie nous a rappelé cette vérité d'évidence, trop souvent occultée : rien ne se passe comme prévu, et des choses considérées de longue date comme inconcevables parviennent à se réaliser en quelques jours. L'avenir est assurément plus incertain que le passé, et le pire toujours possible. Nous sortons d'un long hiver populiste saturé de vents violents. À quoi ressemblera le printemps ?

Pas de certitudes, hors une seule : on n'empêche pas le printemps de revenir.

Bibliographie

Yann Algan, Élisabeth Beasley, Daniel Cohen, Martial Foucault, *Les Origines du populisme. Enquête sur un schisme politique et social*, La République des idées, 2019.

Bertrand Badie et Dominique Vidal, *Le Retour des populismes. L'état du monde 2019*, Éditions La Découverte, 2018.

Pierre Birnbaum, *Genèse du populisme, le peuple et les gros*, Fayard, 2012.

Luc Boltanski, Arnaud Esquerre, *Vers l'extrême. Extension des domaines de la droite*, Éditions Dehors, 2014.

Francis Brochet, *Démocratie smartphone. Le populisme numérique de Trump à Macron*, Éditions François Bourin, 2017.

Gérald Bronner, *Apocalypse cognitive*, Presses universitaires de France, 2021.

Philippe Corcuff, *La Grande Confusion. Comment l'extrême-droite gagne la bataille des idées*, Textuel, 2020.

François Dubet, *Le Temps des passions tristes*, La République des idées, 2019.

Éric Fassin, *Populisme : le grand ressentiment*, Textuel, 2017.

Jérôme Fourquet, *L'Archipel français*, Le Seuil, 2019.

Jean Garrigues, *Le Boulangisme*, Presses universitaires de France, 1992.

Jean-Claude Kaufmann, *Identités, la bombe à retardement*, Textuel, 2014.

Hervé Le Bras, *Se sentir mal dans une France qui va bien*, Éditions de l'Aube, 2020.

Raphaël Liogier, *Ce populisme qui vient*, Textuel, 2013.

–, *Le Mythe de l'islamisation*, Le Seuil, 2012.

Alain Minc, *Voyage au centre du système*, Grasset, 2019.

Cas Mudde, Cristobal Rovira Kalwasser, *Brève introduction à l'histoire du populisme*, Fondation Jean-Jaurès/Éditions de l'Aube, 2019.

Gérard Noiriel, *Les Gilets jaunes à la lumière de l'histoire*, Éditions de l'Aube, 2019.

Pascal Ory, *Peuple souverain. De la révolution populaire à la radicalité populiste*, Gallimard, 2017.

Pascal Perrineau et Luc Rouban (sous la direction de), *La Démocratie de l'entre-soi Paris*, Presses de la FNSP, 2017.

Pascal Perrineau, *Le Grand Écart*, Plon, 2019.

–, *Le Populisme*, Que-sais-je ?, 2021.

Dominique Reynié, *Les Nouveaux Populismes*, Plon, 2011.

Pierre Rosanvallon, *Le Siècle du populisme*, Le Seuil, 2020.

Luc Rouban, *Le Paradoxe du macronisme*, Presses de la FNSP, 2018.

–, *La Matière noire de la démocratie*, Presses de la FNSP, 2019

Jérôme Sainte-Marie, *Bloc contre bloc*, Le Cerf, 2019.

Christian Salmon, *L'Ère du clash*, Fayard, 2019.

Pierre-André Taguieff, *L'Illusion populiste. Essai sur les démagogies de l'âge démocratique*, Flammarion, 2007.

Remerciements

Nous tenions à exprimer notre gratitude à toutes les personnes consultées pour nourrir notre réflexion : leur temps fut généreusement donné et nos échanges aussi sympathiques qu'intéressants. Un grand merci à Dominique Badie, François Bazin, Frédéric Dabi, Bertrand Delais, Bruno Jeanbart, Jérôme Fourquet, Hervé Le Bras, Jean-Daniel Lévy, Tristan Mendès France, Alain Minc, Pascal Perrineau, Jérôme Saint-Marie, Guillaume Tabard[1].

Et un merci encore plus spécial à Grégory Berthier-Saudrais et Gilles Finchelstein, grâce auxquels ce projet a pu voir le jour.

1. S'agissant de parité, reconnaissons que notre marge de progression pour le prochain ouvrage est significative.

Table

Pour en savoir plus
sur les Éditions Plon
(catalogue, auteurs, vidéos, actualités...),
vous pouvez consulter
www.plon.fr
www.lisez.com

lisez!

et nous suivre sur les réseaux sociaux

Editions Plon

@EditionsPlon

@editionsplon

Imprimé en France par CPI
en août 2021

MIXTE
Papier issu de
sources responsables
FSC® C003309

L'éditeur de cet ouvrage s'engage dans une démarche
de certification FSC® qui contribue à la préservation
des forêts pour les générations futures.

Pour en savoir plus :
www.editis.com/engagement-rse/

N° d'impression : 3044768